미국 초등학교 교과서로 배우는
English
Running
Advanced
JUMP 3

D.E.A.R.은

www.dearenglish.co.kr

D.E.A.R.(Developing English Ability and Research) 연구소는 '교육은 사람과 사람이 만나 그 마음을 서로 주고받을 수 있을 때 비로소 시작 된다'는 교육 이념 아래 한 아이도 뒤처지는 아이가 없는, 모두가 행복해지는 교육을 실천하고자 노력하는 영어 교육 전문 컨설팅 기관입니다. 지난 10여 년 동안 아이들마다의 학습 스타일과 특성과 자질을 고려하여 학습자에게 맞는 체계적인 영어 교육 플랜을 세워주고 이를 적절하게 활용할 수 있도록 교육 환경을 제공해 왔습니다.

연구소장님이신 서희정선생님은 University of Sydney에서 영어 교육학 석사 과정을 마치고 대원 외국어 고등학교 TOEFL 강사, 강릉대학교 영어 영문과 및 평생교육원 영어과 교수를 역임했습니다. 한겨레 신문 〈함께 하는 교육〉과 조선일보 〈맛있는 공부〉에 초등학생을 위한 영어 일기 쓰기를 게재하였으며, EBS 영어 교육 전문 채널 〈맘스타임〉 초청 특강을 하였습니다. 현재는 자녀들을 위한 영어 독서 지도법 및 영어 교육법을 강의하고 있습니다.

저서로는 〈영어야 돌아와, 일기가 기다려!〉, 〈영어야 울지마, 일기가 있어!〉, 〈소녀들을 위한 영어 일기〉가 있습니다.

English Running Jump 3 [Advanced]

초판 1쇄 인쇄 2009년 6월 5일
초판 1쇄 발행 2009년 6월 10일

지은이 D.E.A.R.연구소(Developing English Ability and Research)
발행처 반석출판사
발행인 고미순
총괄책임 이국호
영업기획 김금희 · 이창원
출판기획 강승주
책임편집 권민정 · 조담희 · 김지영
디자인 문주희 · 디자인클립
주소 서울시 강서구 염창동 240-21 우림블루나인 비즈니스센터 B동 904호
등록번호 제 9-33호
전화 02) 2093-3399   팩스 02) 2093-3393
홈페이지 http://www.bansok.co.kr
이메일 bansok@bansok.co.kr
ISBN 978-89-7172-543-6 13740
정가 12,000원

Answer / Script / Explanation

Bansok

Vocabulary

단어를 그 뜻과 연결하세요.

1. e) 무엇을 발견하기 위해서 여행하는 사람
   콜럼버스는 모험심이 강한 모험가였습니다.

2. d) 배에서 일하는 사람
   그는 뱃사람이 되었습니다.

3. a) 다시 생각하다
   왕은 그의 제안을 다시 생각했습니다.

4. c) 배를 타고 하는 긴 여행
   항해는 끝났습니다.

5. b) 떼, 무리
   그는 새 떼를 보았습니다.

Listening

Teacher	Today we're going to learn about the greatest explorer in the world.
Student 1	Who is it?
Student 2	Is he Marco Polo?
Teacher	Marco polo is also a great explorer. But no! We're not going to talk about him today. The man we'll meet today discovered America.
Student 3	I know him. His name is Christopher Columbus.
Teacher	Well done. Christopher Columbus is one of the most famous explorers.
Student 1	Why is he so famous?
Teacher	Because he found something he wasn't looking for.
Student 2	What did he find?
Teacher	It was the island where we now live. He found America in 1492. Actually he was looking for a way to go to Asia.
Student 3	What did he do after that?
Teacher	Christopher Columbus made four trips to America since then. He brought a lot of people after him. But he did not recognize that he had discovered a new continent.

교사 　오늘은 세계 역사상 가장 위대한 탐험가들 중 한 사람에 대해서 배워볼 거예요.

학생 1 　그게 누군데요?

학생 2 　마르코 폴로에요?

교사 　마르코 폴로 역시 위대한 탐험가 중의 하나죠. 그러나 오늘은 아메리카를 발견한 사람에 대해 알아볼 거랍니다.

학생 3 　저 알아요. 크리스토퍼 콜럼버스에요.

교사 　잘했어요. 크리스토퍼 콜럼버스는 유명한 탐험가 중의 한 사람이에요.

학생 1 　왜 유명한데요?

교사 　왜냐하면 자신이 찾던 것이 아닌 것을 찾아냈기 때문이지요.

학생 2 　그가 무엇을 찾았나요?

교사 　그건 바로 우리가 지금 살고 있는 바로 이 땅이에요. 그가 1492년에 미국을 발견했어요. 원래는 아시아로 가던 중이었는데 말이죠.

학생 3 　그 후엔 뭘 했어요?

교사 　처음으로 미국 땅을 밟은 후 4번이나 다시 찾아 왔답니다. 많은 사람들을 데리고 왔어요. 하지만 그는 자기가 새 대륙을 발견했다는 걸 깨닫지 못했지요.

대화를 듣고 맞는 답을 고르세요.

1. ③ Christopher Columbus
   누구에 관한 이야기입니까?
   크리스토퍼 콜럼버스

2. ② He found America.
   크리스토퍼 콜럼버스가 뭘 발견했습니까?
   미국을 발견했습니다.

3. ② Because he found the land what he was not looking for.
   왜 콜럼버스가 유명합니까?
   자신이 찾던 땅이 아닌 땅을 찾아서

Reading

크리스토퍼 콜럼버스

크리스토퍼 콜럼버스는 세계에서 가장 위대한 탐험가 중 한 명이었습니다. 그는 1451년 이탈리아 제노바 태생이었습니다. 그의 가족은 너무 가난해서 그는 교육을 많이 받지 못했습니다. 대신 그는 14살에 바다로 가서 뱃사람이 되었습니다. 몇년 후 콜럼버스는 포르투갈에 정착해서 결혼하였지만, 안타깝게 곧 사별합니다. 콜럼버스는 그의 아들 디에고와 함께 스페인으로 옮겼습니다. 콜럼버스는 지구가 둥글기 때문에, 바로 서쪽으로 항해하면 저 멀리 아시아에 도착할 수 있다고 믿었습니다. 그는 수년간 포르투갈과 스페인의 왕들에게 자신의 계획을 제의하였지만, 매번 거절당했습니다. 많은 어려움 끝에 페르난도 왕과 이사벨여왕은 그의 제안을 다시 생각했습니다. 콜럼버스는 아시아에서 금과 실크를 가져 오겠다고 약속했습니다. 콜럼버스는 1492년 8월 3일 금요일, 선박 3척에 약 100여명의 선원을 동원하여 출범하였습니다. 그 3척의 선박 이름은 핀타호, 니나호 그리고 산타마리아호였습니다. 그들은 남서쪽으로 출항하였고, 날씨는 좋았고 항해는 순조로웠습니다. 콜럼버스와 그의 선원들은 처음에는 흥분하였습니다. 그러나 며칠이 지나도 그들은 육지를 볼 수가 없었습니다. 그 항해는 5주일이 걸렸습니다. 그것은 콜럼버스가 생각했던 것보다 긴 시간이었습니다. 이 항해 기간 동안, 몇몇의 선원들이 죽었습니다. 콜럼버스는 걱정이 되었고, 그의 선원들은 두려워하기 시작하였습니다. 그들은 콜럼버스가 스페인으로 돌아가기를 원했습니다. 그때 그들은 한 무리의 새떼를 보았습니다. 그들은 항해를 계속해 나갔고, 마침내 10월 12일 육지를 발견했습니다. 그들은 육지에 도달했고, 콜럼버스는 그곳이 아시아의 한 섬이라고 믿었습니다. 사실 그는 신대륙을 발견했던 것입니다. 그곳은 지금은 산살바도르로 불리는 섬입니다. 콜럼버스는 그 섬에 머물면서 주변을 둘러보았습니다. 그는 많은 것을 찾아냈고, 스페인으로 가져갈 선물들을 챙겼습니다. 그는 앵무새, 조가비, 진귀한 식물들과 인디언을 데리고 갔습니다. 그는 1493년 3월 15일 스페인으로 돌아왔습니다. 사람들은 환호하며 그들이 돌아온 것을 환영했습니다. 신대륙을 발견한 후에, 그는 아메리카로 향하는 네 번의 항해를 했습니다. 콜럼버스는 사람들이 아메리카라고 불리는 땅을 발견한 최초의 사람들 중 한 명입니다.

문제를 읽고 맞는 답을 고르세요.

1. ② Columbus found the new world.
   이 이야기의 주제는 무엇입니까?
   콜럼버스는 신대륙을 발견하였습니다.

2. ① Queen Isabella
   누가 콜럼버스의 계획을 후원했습니까?
   이사벨 여왕

3. ③ He was born in Spain.
   콜럼버스에 대한 언급이 아닌 것은 무엇입니까?
   그는 스페인 태생입니다.

4. ③ Titanic
   첫 출항의 배가 아닌 것은 무엇입니까?
   타이타닉호

5. ① Because they couldn't see any land for a long time.
   왜 사람들은 스페인으로 돌아가고 싶어했나요?
   오랫동안 육지를 보지 못해서이기 때문입니다.

Grammar

TG 불규칙동사 (Irregular Verbs)의 과거형을 배워봅시다. 동사의 어미에 -ed, -d를 붙이는 규칙동사(regular verbs)와 달리 불규칙동사는 각 동사마다 다르게 변화한다.

Past Tense (과거시제)	
regular verbs 규칙동사	work - worked , bake - baked , die - died
irregular verbs 불규칙동사	is - was, find - found , go - went , take - took , write - wrote

과거시제로 문장을 완성하세요.

1. was
   베토벤은 재능있는 음악가였습니다.

2. went
   전 지난 밤에 영화를 보러갔습니다.

3. found
   콜럼버스는 신대륙을 발견했습니다.

4. wrote
   모차르트는 다섯 살에 첫 번째 피아노 소곡을 작곡했습니다.

5. took
   항해는 3주일이 걸렸습니다.

Writing

질문에 답하세요.

1. He was a great explorer.
   콜럼버스는 누구입니까?
   위대한 탐험가였습니다.

2. He planned to travel to Asia.
   그는 무엇을 할 계획이었습니까?
   그는 아시아로 여행할 계획이었습니다.

3. He started to travel on August 2, 1492.
   그는 언제 여행을 시작했습니까?
   그는 1492년 8월 3일 여행을 시작했습니다.

4. He discovered America on October 12, 1492.
   크리스토퍼 콜럼버스가 뭘 발견했습니까?
   미국을 발견했습니다.

콜럼버스에 대해 짧은 에세이를 써보세요.

Christopher Columbus was a famous Italian explorer because he found America. Columbus was convinced that ships could travel to Asia by going West in a few days. On August 3, 1492 he set sail across the Atlantic Ocean with three ships, the Pinta, Nina and Santa Maria and about 100 crew-men. On October 12, they landed at San Salvador. They met friendly natives there. They returned to Spain in March

15, 1493. After he made other three voyages to America.

크리스토퍼 콜럼버스는 아메리카를 발견했기 때문에 유명한 이탈리아 탐험가입니다. 콜럼버스는 서쪽으로 항해하면 며칠이 지나 아시아에 도착할 수 있다고 믿었습니다. 1492년 8월 3일 그는 100명의 선원들과 함께 핀타호, 니나호, 산타마리아호를 타고 항해를 시작했습니다. 8월 12일 그는 산살바도르에 도착했습니다. 그는 거기서 우호적인 원주민들을 만났습니다. 1493년 3월 15일 그는 스페인으로 돌아왔습니다. 그 후 그는 3번의 여행을 더 했습니다.

Speaking

아래 대화로 콜럼버스에 대해 이야기 해보세요.

A : 영화의 남자는 크리스토퍼 콜럼버스이야.
　　콜럼버스에 대한 위인전기 읽어봤어?
B : 그의 이름은 들어봤어. 난 위인전기 읽는 걸 좋아하지 않아.
A : 어떻게 그를 알았어?
B : 콜럼버스에 관한 프로그램을 봤어.
A : 그랬구나. 나는 어제 콜럼버스 위인전을 읽었어.
B : 그러면 콜럼버스에 관해 이야기 해줘.
A : 좋아! 그는 1492년에 미국을 발견했어.

Review

주어진 문장이 맞으면 YES에 동그라미하세요.
주어진 문장이 옳지 않으면 NO에 동그라미하세요.

1. NO
   콜럼버스는 스페인 태생입니다.

2. NO
   콜럼버스는 1492년 8월 3일 신대륙을 발견했습니다.

3. YES
   콜럼버스는 지구가 둥글다고 믿었습니다.

4. NO
   이사벨 여왕은 콜럼버스가 제안한 것을 받아들이지 않았습니다.

5. YES
   콜럼버스는 역사상 가장 뛰어난 탐험가 중 한 명이었습니다.

Act it Out

vocabulary game

TG 아래처럼 9칸에 어휘 문제를 씁니다. 9개의 카드를 준비하여 각 카드에 위 단어의 뜻을 영어로 씁니다. 팀을 나누어 tic-tac-toe 게임을 합니다. 카드를 읽고 해당 어휘에 붙입니다. 맞으면 ? 또는 ◇로 표를 해서 먼저 3개를 나란히 얻는 팀이 이깁니다.

친구들과 함께 단어 퀴즈를 해보세요.

1. 두 개의 팀을 만듭니다.
2. 각 팀의 한 학생이 앞으로 나옵니다.
3. 가위바위보를 하세요.
4. 가위바위보를 이긴 팀이 먼저 시작합니다.
5. 우승 팀의 한 학생이 앞으로 나와 박스 안에 있는 카드를 밖으로 꺼냅니다.
6. 카드를 읽고 그 단어와 비슷한 뜻의 단어를 찾습니다.
7. 만약 그 또는 그녀가 X마크를 찾거나 단어를 찾지 못한다면 기회는 다른 팀으로 넘어갑니다.

explorer: a person who travels to places, in order to discover what is there
탐험가 : 어떤 곳에 무엇이 있는지 발견하기 위해 여행하는 사람

reject: turn down, or saying no
거절하다: 안된다고 말하거나 거절하는 경우

voyage : a long journey on a ship
항해하다 : 배를 타고 긴 여행을 함

poor : not rich
가난한 : 부유하지 못한

reconsider : think again
재고하다 : 다시 생각하다

propose : suggest something for people to think about and decide upon
제안하다 : 결정하고 생각하는 것에 대해 사람들에게 무엇을 제안하는 것

present : a gift
선물 : 선물

return : go back there after you have been away
돌아오다 : 멀리 떠났다가 돌아오는 것

sailor : a person who works on a ship
선원 : 배에서 일하는 사람

Vocabulary

단어를 그 뜻과 연결하세요.

1. e) 그들의 직업이나 취미로 음악을 연주하는 사람
   그의 아버지는 음악가였습니다.

2. a) 훌륭한 천부적인 재능을 가지고 있는 어린 사람
   그는 신동이었습니다.

3. c) 교회나 성당
   일요일마다 그들은 성당에 갔습니다.

4. b) 매우 좋거나 매우 인상적인
   오페라는 굉장했습니다.

5. d) 음악을 씀
   그는 아주 훌륭한 콘체르토를 작곡했습니다.

Listening

Tony   Mom, this music is very good.

Mom   Do you think so? This is minuet. One of the greatest composers wrote it.

Tony   Who is the composer?

Mom   Wolfgang Amadeus Mozart. Have you heard his name?

Tony   No, I haven't. Is he American?

Mom   No. He was born in Austria. He was a child prodigy.

Tony   What does 'prodigy' mean?

Mom   It means he was a genius. He wrote this minuet when he was five years old.

Tony   Wow! Awesome! What else did he write?

Mom   There were so many. Let me see... Yes. He wrote The Magic Flute, the opera.

Tony   Did he write opera, too?

Mom   Yes, he did. Let's listen to his classical music. Come on.

토니   엄마, 이 음악 굉장히 듣기 좋은데요.

엄마   그러니? 미뉴엣이란다. 유명한 작곡가 중의 한사람이 썼지.

토니   그게 누군데요?

엄마   볼프강 아마데우스 모차르트야. 들어본 적 있니?

토니   아뇨. 미국사람이에요?

엄마   아니. 오스트리아 사람이야. 신동이었단다.

토니   신동이 뭔데요?

엄마   천재란 뜻이야. 이 미뉴엣을 다섯 살 때 썼거든.

토니   왜! 대단한데요. 또 뭘 썼나요?

엄마   너무 많단다. 어디보자. 그래. 마술피리라는 오페라도 썼단다.

토니   오페라도 썼다구요?

엄마   그래. 엄마랑 같이 그의 고전 음악을 들어보자. 이리와라.

대화를 듣고 맞는 답을 고르세요.

1. ② mom and son
   대화를 하는 사람은 누구입니까?
   엄마와 아들

2. ③ They are talking about the composer.
   누구에 대해 이야기 하고 있습니까?
   작곡가에 대해서 이야기하고 있습니다.

3. ① Mozart
   그 작곡가는 누구입니까?
   모차르트

Reading

볼프강 아마데우스 모차르트

오스트리아의 음악가이자 작곡가인 볼프강 아마데우스 모차르트는 신동이었습니다. 그는 1756년 오스트리아의 잘츠부르크에서 태어났습니다. 그의 아버지 레오폴드 모차르트는 유명한 바이올리니스트였습니다. 모차르트는 누이가 한 명 있었는데, 그녀의 이름은 마리아 안나였지만, 식구들은 그녀를 '난넬'이라고 불렀습니다. 모차르트가 3살, 그의 누이가 8살 때, 모차르트의 아버지 레오폴드는 그들을 예배당에 데려갔습니다. 레오폴드 모차르트는 딸에게 피아노 치는 것을 가르쳐주길 원했습니다. 놀랍게도, 어린 모차르트가 피아노 앞으로 다가가더니 누이가 연습했던 소곡을 연주했습니다. 그는 한 번의 실수 없이 연주했습니다. 이 어린 소년은 음악 천재였습니다. 그 이후, 그는 5살에 첫 번째 피아노 소곡을 작곡했습니다. 그는 또한 9살에 교향악을 작곡했고, 12살에 첫 번째 오페라를 작곡했습니다. 모차르트는 아버지와 누이와 함께 전 유럽을 여행하였습니다. 그는 황제, 왕과 왕비들을 위해 연주했습니다. 볼프강의 명성은 점점 커져갔고 그는 매력적인 청년이 되었습니다. 그러나 불행하게도, 그의 성인이 된 후 삶은 그리 쉽지 않았습니다. 볼프강 아마데우스 모차르트는 일생동안 아주 가난했습니다. 그는 돈을 버는 것보다 쓰는 것이 더 빨랐습니다. 그는 자주 병치레를 했습니다. 모차르트는 가장 유명한 오페라 '마술 피리'를 1791년에 작곡했습니다. 첫 번째 연주회는 몇 가지 이유로 인해 성공하지 못했습니다. 그는 너무 낙담한 나머지 병에 걸렸습니다. 그러나 며칠 후, 그 오페라는 엄청난 성공을 거두었습니다. 1791년 말에 모차르트는 죽었습니다. 그의 나이 불과 35세였습니다. 모차르트는 그의 전 생애동안 오페라, 교향악, 협주곡, 미사곡과 실내악을 포함한 다양한 형태의 음악을 작곡했습니다. 모차르트는 지금까지 살았던 사람 중 가장 위대한 음악가였습니다. 그의 음악은 오늘날에도 여전히 연주되고 있으며 사랑받고 있습니다.

여러분은 어디에서나 그의 음악을 들을 수 있습니다. 모차르트는 갔지만, 그의 음악은 영원히 살아있을 것입니다.

문제를 읽고 맞는 답을 고르세요.

1. ① The greatest musician in history
   무엇에 관한 글입니까?
   역사상 가장 위대한 음악가

2. ③ He didn't want to teach music to his children.
   모차르트 아버지에 대해 틀리게 설명한 것을 고르세요.
   그는 아이들에게 음악을 가르치는 걸 원하지 않았습니다.

3. ② He was a rich musician.
   모차르트에 대한 언급이 아닌 것은 무엇입니까?
   그는 부유한 음악가였습니다.

4. ④ jazz
   모차르트가 쓴 음악형식이 아닌 것은 무엇입니까?
   재즈

5. ① Because he could play a song by hearing it once.
   왜 사람들이 모차르트를 천재라고 불렀습니까?
   한 번 듣고도 곡을 연주할 수 있기 때문에

Grammar

TG 과거시제 (past tense)의 쓰임에 대해 배워봅시다.
동사는 무슨 일이 일어났는지를 보여주는 것으로 지나간 일에 대해 말할 때는 시제를 알려주기 위해 규칙동사인 경우, 일반적으로 동사의 어미에 -ed, -d를 붙인다.

Regular Verbs (규칙동사)	
Simple Present 현재	I play the piano every day. 나는 매일 피아노를 연주합니다.
Simple Past 과거	Mozart played the musical pieces. 모차르트는 음악을 연주했습니다.

각 동사의 올바른 형태를 고르세요.

1. played
   모차르트는 왕과 왕비를 위해 연주했습니다.

2. composed
   모차르트는 유명한 오페라를 많이 작곡했습니다.

3. walked
   전 지난 토요일에 도서관에 걸어갔습니다.

4. talked
   우린 어제 모차르트에 대해 이야기 나누었습니다.

5. cleans
   엄마는 매일 아침에 집안 청소를 하십니다.

Writing

질문에 답하세요.

1. I like classical music.
   어떤 장르의 음악을 좋아합니까?
   나는 클래식을 좋아합니다.

2. My favorite musician is Mozart.
   가장 좋아하는 음악가는 누구입니까?
   나는 모차르트를 좋아합니다.

3. He composed in many musical forms including operas, symphonies, and concertos.
   그 / 그녀의 음악은 어떤 것이 있나요?
   그는 오페라, 교향곡, 협주곡을 작곡했습니다.

4. I like 'The Magic Flute' the best.
   그 사람 음악 중 가장 좋아하는 것은 무엇입니까?
   나는 마술피리를 가장 좋아합니다.

5. Because it has a charming story.
   왜 그 곡을 좋아합니까?
   그것은 이야기가 매력적이기 때문입니다.

6. When I listen to the music, I am fascinated.
   그 음악을 들으면 기분이 어떤가요?
   나는 그 음악을 들을 때 매혹됩니다.

가장 좋아하는 음악가에 대해 짧은 에세이를 써보세요.

I like classical music. My favorite musician is Mozart. He composed in many musical forms including operas, symphonies, and concertos. I love to listen to all of his songs. But I like 'The Magic Flute.' the best, because it has a charming story. The music is beautiful and memorable. When I listen to the music, I am fascinated.

나는 클래식을 좋아합니다. 내가 가장 좋아하는 음악가는 모차르트입니다. 그는 오페라, 교향곡, 협주곡 등 많은 곡을 작곡했습니다. 저는 그의 음악을 듣는 것을 좋아합니다. 그러나 저는 이야기가 매력적이기 때문에 마술 피리를 가장 좋아합니다. 음악은 아름답고 인상적입니다. 내가 그 곡을 들을 때는 그 곡에 매혹됩니다.

Speaking

질문을 만들고 상자에서 맞는 답을 고르세요.

1. Do you know Mozart?
   Yes, I do. He was a great musician.
   모차르트를 아나요?
   네, 알아요. 위대한 음악가였어요.

2. Was he American?
   No, he wasn't. He was born in Austria.

미국인이었습니까?
아니요. 그는 오스트리아에서 태어났습니다.

3. **Was he famous?**
Yes, he was. He was a child prodigy.
유명했습니까?
네. 그는 신동이었습니다.

4. **What kind of musical forms did he compose?**
He composed symphonies, chamber music and concertos.
모차르트가 쓴 음악형식에는 어떤 것들이 있습니까?
그는 교향악, 실내악 그리고 협주곡 등을 작곡했습니다.

5. **Why did people call Mozart a genius?**
Because he could play a song by hearing it once.
왜 사람들이 모차르트를 천재라고 불렀습니까?
노래를 한번 듣고도 연주할 수 있기 때문입니다.

Review

주어진 문장이 맞으면 YES에 동그라미하세요.
주어진 문장이 옳지 않으면 NO에 동그라미하세요.

1. YES
모차르트는 신동이었습니다.

2. NO
모차르트의 누이는 친구들이 난넬이라고 불렀습니다.

3. NO
모차르트는 5살에 그의 첫 번째 오페라를 작곡했습니다.

4. YES
모차르트는 왕실 가족들을 위해 연주했습니다.

5. YES
모차르트는 역사상 가장 훌륭한 음악가 중 한 명입니다.

Act it Out

모차르트의 인생을 간단히 보여주는 book making

모차르트의 인생을 책으로 만들어 보세요.
8개의 다른 문장을 사용해 모차르트의 삶을 간단히 표현하세요.

Story page about Mozart's life.

1. Mozart was born in Austria in 1756.
모차르트는 1756년 오스트리아에서 태어났습니다.

2. He was a child prodigy.
그는 신동이었습니다.

3. He wrote his first music when he was 5.
그는 다섯 살때 첫 번째 음악을 작곡했습니다.

4. He traveled all around Europe with his father.
그는 아버지와 전 유럽을 여행했습니다.

5. He played for kings and queens.
그는 왕과 왕비들을 위해 연주했습니다.

6. Mozart's fame grew and grew.
모차르트의 명성은 점점 커져갔습니다.

7. He wrote a lot of music but he was poor.
그는 많은 음악을 썼지만 가난했습니다.

8. He died but his music is still played today.
그는 왕과 왕비들을 위해 연주했습니다.

로봇의 형태를 지닌 책을 만듭니다.

1. 그림처럼 A4 용지를 8칸이 되도록 접으세요.

A	B	C	D
E	F	G	H

2. E와 H는 자르세요. 자른 부분은 팔로 사용합니다.

3. A와 D를 중앙을 향해 접으세요. 접은 모양이 조끼나 자켓이 됩니다.

4. 그림처럼 팔을 붙입니다.

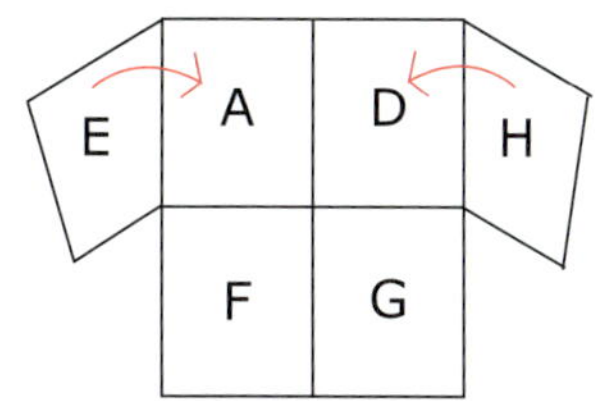

5. 머리부분을 그려 오리세요. B와 C 중앙에 붙이세요.

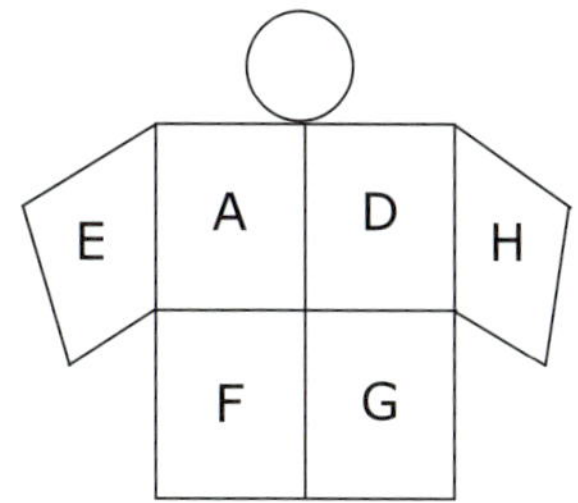

6. 얼굴을 그리고 색칠하세요.

7. 문장을 써서 붙입니다.

Unit 3
The Golden Gate Bridge

Vocabulary

의미가 같은 단어를 연결하세요.

1. a) 강에 펼쳐진 건축물
   다리는 해협을 지납니다.

2. d) 쉽게 눈에 띄는 건물
   이것은 이 도시를 대표하는 표지물입니다.

3. e) 특별한 주제에 대해 많이 알고 있는 사람
   전문가는 그것이 어렵다고 생각했습니다.

4. b) 높고 좁은 건축물
   두 개의 탑 사이에 케이블을 매달았습니다.

5. c) 차, 버스, 트럭과 같은 기계
   차들이 다리 위를 건넜습니다.

Listening

Student 1   What are these?

Student 2   I know one of them. It's the Great Wall of China.

Student 3   Wow! It is very long.

Teacher   Yes, it is the longest wall in the world. It's called the Great Wall of China. It's about 4,160-miles wall long.

Student 2   What is this?

Teacher   This is the Hanging Gardens of Babylon.

Student 3   Can we see them now?

Teacher   Unfortunately, we can not see them. We can only read about them in ancient writings.

Student 1   I saw it on TV. What is it, teacher?

Teacher   It is the Temple of Artemis. It was one of the Seven of the Wonders of the ancient world.

Student 2   Was it big?

Teacher   Yes. It was so big that it took 120 years to make the temple.

Student 1,2,3   Wow! It's hard to believe.

Teacher   And look at this picture. Do you know what it is?

Student 2   Yes, It's the Grand Canyon.

Teacher   Yes, right. It is the Grand Canyon and it is located in the northwest part of Arizona. It is the one of the natural wonders.

Student 1   There are many rocks.

Teacher   Right. If you look in the canyon, you can see many layers of rock.

학생1   이것들이 뭔가요?

학생2   하나는 알겠다. 중국의 만리장성이야.

학생3   와. 진짜 길다!

교사   그래요. 그건 세상에서 제일 긴 장벽이에요. 만리장성이라고 하죠. 길이가 4160마일이랍니다.

학생2   이건 뭐예요?

교사   바빌론의 공중정원이에요.

학생3   지금도 볼 수 있나요?

교사   불행히도 지금은 볼 수 없어요. 고대 기록에서나 읽을 수 있답니다.

학생1   이건 TV에서 봤어요. 선생님, 이게 뭔가요?

교사   아르테미스 신전이에요. 고대 7대 불가사의 중의 하나지요.

학생2   큰가요?

교사   맞아요. 너무 커서 신전을 짓는데 120년이 걸렸다고 해요.

학생1,2,3   왜! 믿기 어려워요.

교사   자 이 그림을 보세요. 뭔지 알겠어요?

학생2   예. 그랜드캐년이요.

교사   예, 맞아요. 그랜드캐년이에요. 아리조나의 북서쪽에 위치해 있지요. 자연적인 불가사의 중의 하나에요.

학생1   바위가 많아요.

교사   그래요. 협곡을 잘 들여다보면 바위에 층이 나 있는 것을 볼 수 있을 거예요.

대화를 듣고 맞는 답을 고르세요.

1. ① Wonders of the world
   무엇에 관한 이야기입니까?
   세계의 불가사의

2. ③ about 120 years
   아르테미스 신전을 짓는데 얼마나 걸렸습니까?
   120 여년

3. ② It is located in Arizona.
   그랜드캐년이 위치한 곳은 어디있습니까?
   아리조나에 있습니다.

Reading

골든게이트교(금문교)

미국의 샌프란시스코 서안을 여행하다보면 금문교를 볼 수 있을 것입니다. 이것은 세계에서 가장 눈에 띄는 표지물 중 하나입니다. 이 다리는 샌프란시스코 만과 태평양 사이 항로를 가로지릅니다. 65년간의 계획기간을 걸쳐, 금문교는 유명한 설계사인 조셉 스트라우스의 지휘아래 1933년 착공되었습니다. 많은 전문가들이 많은 어려움이 있을 거라 생각했습니다. 바람과 조류로 인해 다리 건설이 불가능할 것이라고 했습니다. 그러나 이 다리를 완성하는데 4년이 걸렸습니다. 이 다리는 차근차근 단계를 거쳐 지어졌습니다. 두 개의 커다란 타워가 먼저 세워졌습니다. 그런 다음, 두 개의 타워사이에 강력한 케이블을 매달았습니다. 다음 단계는 케이블의 끝을 땅 위의 중량이 나가는 고정 장치에 정착시키는 것입니다. 마지막으로 작은 케이블인 현을 매달아서 바닥을 제자리에 고정시켰습니다. 타워의 기초를 공사하기 위해 인부들은 물속에서 작업을 해야만 했습니다. 그런 다음, 그들은 해수면에서 대략 740미터 되는 타워에서 작업했습니다. 그들은 위험한 환경에서 일을 했습니다. 실제로, 다리 위에서 작업을 하는 동안 11명의 인부들이 떨어져 죽었습니다. 1937년 금문교는 처음 개통되었습니다. 사람들은 환성을 지르며 거의 1마일이나 되는 거리를 기꺼이 걸어갔습니다. 차는 그 다음 날부터 지나갈 수 있었습니다. 그 이후 거의 50억대가 넘는 차들이 이 다리 위를 지나갔습니다. 금문교는 또한 위험한 지진에도 견딜 수 있게 디자인 되었습니다. 현재 금문교 위는 모든 것이 여전합니다. 매일 자동차들이 도시로 향해 지나가고, 관광객들은 다리를 건너갑니다. 금문교는 가장 유명한 건축물 중 하나입니다. 그리고 이것은 완공된 이후, 현대 7대 불가사의의 하나로 꼽히고 있습니다.

문제를 읽고 맞는 답을 고르세요.

1. ③ How to build the Golden Gate Bridge
   이 이야기의 주제는 무엇입니까?
   금문교를 어떻게 건설했는가

2. ② in San Francisco
   금문교는 어디에 있습니까?
   샌프란시스코

3. ② about 4 years
   금문교는 얼마나 오랜 동안 지어졌습니까?
   약 4년

4. ① In 1933 the Golden Gate Bridge first opened.
   금문교에 대한 설명으로 틀린 것은 무엇입니까?
   금문교는 1933년에 개통했습니다.

5. ④ Because of winds and ocean currents
   왜 사람들은 금문교를 건설하는 것이 불가능하다고 생각했습니까?
   바람과 조류 때문에

Grammar

TG 어떤 일의 진행 과정을 설명하는 sequence에 대해 알아봅시다. 한 가지의 일이 진행되는 과정을 순서대로 설명하거나, 어떤 사건에 대한 이유를 차례로 설명할 때는 Sequence words를 넣어 문장을 만듭니다.

Sequence words

a sequence of actions	first of all 우선, then 그런 다음, after ~한 후에, next 다음에, last 마지막으로, finally 마지막으로
a sequence of reasons	first 첫째, second 둘째, third 셋째

박스 안에 적합한 단어를 골라 문장을 완성하세요.

How to make a cup of tea
차를 만드는 순서

First of all boil the water in a kettle.
우선 주전자에 있는 물을 끓이세요.

Next put some tea into the warm teapot.
다음은 따뜻해진 찻주전자에 차를 조금 넣으세요.

Then fill the teapot with boiling water.
그리고 나서, 뜨거운 물을 찻주전자에 넣어주세요.

After that pour the tea into the cup.
그런 다음, 차를 컵에 따르세요.

Finally add milk.
마지막으로 우유를 넣으세요.

Now enjoy your cup of tea.
이젠, 차를 마셔보세요.

Writing

단어 그물을 완성하세요.

나라 이름
United States

내가 가고 싶은 장소
Places I want to visit

도시 이름
San Francisco

볼거리
The Golden Gate Bridge

- 어느 도시를 제일 먼저 가고 싶습니까?

  I will go to San Fracisco.
  나는 샌프란시스코에 가고 싶습니다.

- 거기서 무엇을 보고 싶습니까?

  I want to see the Golden Gate Bridge.
  금문교를 보고싶습니다.

- 왜 거기를 가고 싶은 건가요?

Because it is the recognized symbol of San Fracisco.

왜냐하면 금문교는 샌프란시스코의 상징물이기 때문에

금문교에 대해 짧은 에세이를 적어보세요.

There is a place that I want to visit. It is San Francisco. I will visit the Golden Gate Bridge in San Francisco. It is the recognized symbol of San Francisco. It is the bridge that goes across the waterway between San Francisco Bay and the Pacific Ocean. It has strong cables that hang supported by two large towers. It started being built in 1933. People said that bridge couldn't be built because of winds and ocean currents. But, it opened in 1937 so it has been called one of the Modern Seven Wonders of the World.

내가 방문하고 싶은 곳이 있습니다. 그것은 샌프란시스코입니다. 나는 샌프란시스코에 금문교를 방문하고 싶습니다. 그것은 샌프란시스코의 눈에 띄는 상징물입니다. 그것은 샌프란시스코 만과 태평양을 사이 항로를 가로지릅니다. 케이블이 두 개의 커다란 타워에 의해 지지됩니다. 1933년 착공되었습니다. 사람들은 바람이나 조류때문에 다리를 건설할 수 없을 거라고 말했습니다. 그러나 그것은 1937년 완공되었고 현대 7대 불가사의의 하나로 꼽히고 있습니다.

Speaking

금문교에 대해 이야기해 보세요.

1. **Golden Gate Bridge**
   사진의 다리 이름을 아나요?
   예. 금문교입니다.

2. **San Francisco, USA**
   어디에 위치해 있습니까?
   미국, 샌프란시스코에 있어요.

3. **1933**
   언제 착공했었나요?
   1933년에 착공했어요.

4. **4 years**
   완공하는데 얼마나 걸렸나요?
   약 4년 정도 걸렸어요

5. **in 1937**
   언제 처음 개통했나요?
   1937년에요.

Review

주어진 문장이 맞으면 YES에 동그라미하세요.
주어진 문장이 옳지 않으면 NO에 동그라미하세요.

1. **YES**
   금문교는 현대 세계 7대 불가사의 중 하나입니다.

2. **NO**
   금문교는 뉴욕에 위치해 있습니다.

3. **YES**
   금문교는 위험한 지진에도 견딜 수 있게 설계되었습니다.

4. **YES**
   금문교는 1937년에 개통했습니다.

5. **NO**
   금문교를 완성하는데 5년이 걸렸습니다.

Act it Out

자신의 다리를 디자인 해보세요.

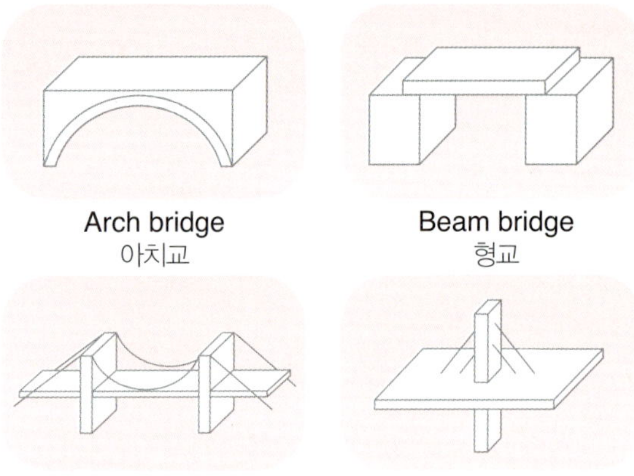

1. 자신만의 다리를 디자인 해봅니다.
2. 4가지 종류로 다리를 디자인 할 수 있습니다.
3. 모두 끝나면 당신의 다리에 대한 장점이 무엇인지 학급 친구들에게 말해보세요.

Vocabulary

단어를 그 뜻과 연결하세요.

1. c) 북극 지방
   북극에 사는 사람이 있습니다.

2. a) 살기에 어렵거나 호되게 심함
   이 땅의 기후는 척박합니다.

3. d) 큰 북미 사슴
   순록은 식량으로 사냥됩니다.

4. e) 사람들을 보호하는 작은 집
   이글루는 이누잇 족의 집입니다.

5. b) 에스키모 배
   에스키모는 짐을 나르기 위해 우미악을 만들었습니다.

Listening

Young Jin	Hi, I'm Young Jin and I'm 11.
Alice	Hello, Young Jin. I'm Alice. I'm from Australia. Where are you from, Young Jin?
Young Jin	I'm Korean. My family lives in Seoul in South Korea.
Alice	Are you from America?
Kipanik	No, I'm from Canada. My name is Kipanik. Nice to meet you.
Everyone	Nice to meet you, too.
Natasha	I'm Natasha. My family lives in Moscow, Russia.
Young Jin	I heard that the weather in Russia is very cold.
Natasha	Yes, It's very cold in winter. Without a fur hat and coat, I can not go anywhere. Do you have dog sleds just like other Inuit people, Kipanik?
Kipanik	Yes, My dogs pull me on my sled when I go to school.
Young Jin	I heard Inuit people hunt animals for food. Is it true?
Kipanik	Yes, that is true. My dad and his friends usually hunt for caribou. Have you eaten caribou meat?
Young Jin	No, I haven't. My favorite food is barbecued beef called bulgogi.
Alice	Two years ago, one of my friends visited Korea. She said that she ate bulgogi once there, and it was delicious.
Natasha	Do you throw a boomerang just like other Aboriginals, Alice?
Alice	Yes, I love it. After school, I throw my boomerang and watch kangaroos hop around.
Kipanik	I haven't seen kangaroos. Mother kangaroos have pockets, don't they?
Alice	Yes, they do. Mother kangaroos carry their babies by putting them in her pocket. Young Jin, What are you doing after class?

영진	안녕. 난 영진이야. 11살 이구.
엘리스	안녕, 영진. 난 앨리스야. 호주에서 왔어. 넌 어디서 왔니?
영진	난 한국에서 왔어. 우리 가족은 한국의 수도 서울에서 살아.
엘리스	넌 미국에서 왔니?
키파닉	아니. 캐나다에서 왔어. 난 키파닉이라고 해. 만나서 반가워.
모두	만나서 반가워.
나타샤	난 나타샤야. 우리 가족은 러시아, 모스코바에서 살아.
영진	러시아는 춥다고 하던데.
나타샤	맞아. 겨울엔 매우 춥지. 털모자나 코트없이는 한발짝도 못나가. 키파닉? 너도 다른 이누잇처럼 개 썰매 있니?
키파닉	응. 학교에 썰매타고 가지.
영진	듣기로 이누잇 사람들은 식량을 위해 사냥을 한다던데, 그게 사실이니?
키파닉	응. 맞아. 우리 아빠랑 아빠 친구들은 주로 순록을 사냥하셔. 순록 고기 맛본 적 있니?
영진	아니. 없어. 내가 가장 좋아하는 음식은 불고기야.
앨리스	2년 전에 내 친구 한명이 한국을 방문한 적이 있었어. 걔가 그러는데 불고기를 한 번 먹어봤었는데 너무 맛있었대.
나타사	다른 아보리지널처럼 너도 부메랑을 던지니, 앨리스?
앨리스	응. 방과후에 부메랑을 던지며 놀거나 아님 캥거루가 뛰어다니는 걸 보면서 놀아.
키파닉	난 캥거루를 본 적이 없어. 엄마 캥거루는 주머니 같은 게 있다며?
앨리스	응, 그래. 엄마 캥거루들은 자기의 아기를 주머니 안에 넣고 다니곤 해. 영진 수업 끝나고 뭐 할 거니?

대화를 듣고 맞는 답을 고르세요.

1. ② four

   몇 사람이 이야기를 하고 있습니까?

   4명

2. ③ She is Australian.

   앨리스는 어느 나라 사람입니까?

   호주 사람

3. ① Inuit People

   추운 지방에 살면서 사냥을 하는 사람들을 뭐라고 하나요?

   이누잇

Reading

이뉴잇 족

거주 지역 : 이뉴잇족은 북극, 캐나다 북쪽, 알래스카와 그린란드에 살고 있습니다. 이뉴잇족이 살고 있는 곳은 매우 추운 지역입니다. 겨울은 길고 추우며, 여름은 짧고 서늘합니다. 눈이 많으며, 그 눈은 봄이 올 때까지 녹지 않습니다. 겨울 폭풍우가 몰려올 때면, 이뉴잇족들은 며칠 동안 집안에서만 지냅니다.

이뉴잇족의 음식 : 이뉴잇 사람들은 식량을 구하기 위해 때때로 사냥을 합니다. 물고기와 바다 포유류와 약간의 육지 동물이 그들의 주식입니다. 이뉴잇 사람들이 겨울에 가장 즐기는 사냥감은 물개입니다. 순록 또한 그들의 사냥감입니다. 순록의 가죽은 옷을 만드는데 사용하고, 뿔도 도구로 이용합니다. 이뉴잇족도 때론 식물이나 스낵을 먹기도 합니다.

이뉴잇족의 의류 : 이뉴잇족은 다양한 옷을 입습니다. 그들은 순록과 물개 또는 곰의 털로 만든 것을 선호합니다. 추운 날씨 때문에 그들은 코트와 바지를 입고, 스타킹, 신발이나 장화를 신습니다. 장화는 얼음처럼 차가운 물에서 그들의 발을 보호할 수 있도록 방수가 되어있습니다.

가족 구성원과 하는 일: 그들의 가족 구성원들 안에서 남자와 여자는 다른 일을 맡아 합니다. 남자들이 사냥을 하거나 집을 짓는 동안 여자들은 음식을 하거나 옷을 만듭니다.

집 : 이뉴잇족은 이글루라고 불리는 집이 있습니다. 모든 이글루가 눈으로 만들어진 것은 아닙니다. 알래스카 이뉴잇족은 나무로 지은 오두막에서 삽니다. 이글루를 만들기 위해, 그들은 긴 칼을 이용해 단단하게 굳어진 눈을 블록 조각들로 잘라냅니다. 그들은 겨울 내내 이글루에서 지내다가 여름이 다가오면 동물의 가죽으로 지은 텐트로 이동합니다.

이동수단 : 이뉴잇족은 카약과 우미악, 눈 신발과 개썰매를 타고 이동합니다. 카약은 물개 가죽으로 덮은 배입니다. 카약은 항상 사냥을 나설 때 사용합니다. 그들은 커다란 짐을 싣고 나를 때에는 우미악을 사용합니다. 우미악은 카약보다 크고 상면이 덮여있지 않은 배입니다. 이들의 가장 잘 알려진 이동수단은 개 썰매입니다. 대개 여섯 마리의 에스키모개들이 개 썰매를 끕니다.

문제를 읽고 맞는 답을 고르세요.

1. ③ The lifestyle of the Inuit

   이 이야기의 주제는 무엇입니까?

   이뉴잇족의 생활 방식

2. ② In Greenland

   이뉴잇족이 사는 곳은 어디입니까?

   그린란드

3. ① They usually hunt seals.

   이뉴잇족은 어떤 동물을 사냥합니까?

   보통 물개 사냥을 합니다.

4. ④ The Inuit like to wear sandals.

   이뉴잇족의 의류에 관한 글 중 틀린 것은 무엇입니까?

   이뉴잇족은 샌달을 즐겨 신습니다.

5. ② The Inuit also stay in igloos during the summer.

   이뉴잇족의 집에 대한 언급으로 틀린 것은 무엇입니까?

   이뉴잇족은 여름에도 이글루에서 지냅니다.

Grammar

TG be made of 와 be made from의 차이에 대해 알아봅시다. 재료의 속성은 변하지 않고 형태만 변화되면 be made of~를 쓰고 재료의 속성자체가 변화하면 be made from~을 씁니다.

be made of vs be made from

be made of ~	The igloos are made of snow. 이글루는 눈으로 만들어 집니다.
be made from ~	Wine is made from grapes. 와인은 포도로 만들어 집니다.

알맞은 전치사로 문장을 완성하세요.

1. of

   이 탁자는 나무로 만들었습니다.

2. from

   치즈는 우유로 만듭니다.

3. from

   이 반지는 금으로 만들었습니다.

4. of

   이 그릇은 유리로 만들었습니다.

5. of

   대부분의 종이는 소나무로 만듭니다.

Writing

이뉴잇족에 대해 단어지도를 완성하세요.

단어지도를 이용하여 이누잇족의 삶의 방식에 대해 짧은 에세이를 쓰세요.

The Inuit are people who live in the Arctic, north of Canada, Alaska and Greenland. It is very cold and harsh. They usually hunt fish, seal, caribou or bears to get food. Fur of caribou and bears is used for clothing. Igloos are the shelters of the Inuit. Most of the igloos are made of snow. The Inuit use kayaks, umiaks and dogsleds to travel around or carry large loads.

이누잇족은 북극, 캐나다 북쪽, 알래스카와 그린란드에 살고 있습니다. 그곳은 매우 추운 지역입니다. 그들은 때때로 식량을 구하기 위해 물고기와 물개, 순록, 곰 등을 사냥합니다. 이글루는 이누잇족의 집입니다. 대부분의 이글루는 눈으로 만듭니다. 이누잇족은 이동하거나 커다란 짐을 싣고 나를 때 카약과 우미악, 개썰매를 이용합니다.

Speaking

이누잇족에 대해 이야기해 보세요.

리포터: Where do Inuit live?
이누잇은 어디서 삽니까?

이누잇: They live in the Arctic, north of Canada, Alaska and Greenland.
이누잇족은 북극, 캐나다 북쪽, 알래스카와 그린란드에 살고 있습니다.

리포터: How is the weather where they live?
이누잇들이 사는 곳의 날씨는 어떤가요?

이누잇: It is very cold and harsh.
엄청 춥고 살기 힘듭니다.

리포터: How do they get food?
어떻게 먹을 것을 구하나요?

이누잇: They usually hunt to get food.
주로 사냥을 합니다.

리포터: What are the roles for women?
여자들의 역할은 무엇입니까?

이누잇: They prepare the food and make the clothing, while men hunt and build their houses.

남자들이 사냥이나 집을 짓는 동안 여자들은 음식을 만들거나 옷을 만듭니다.

리포터: What do the Inuit use to travel?
이동하는 데 무엇을 사용하나요?

이누잇: They use kayaks, umiaks, snowshoes and dogsleds to travel around.
이누잇은 카약과 우미악, 눈신발과 개썰매를 타고 이동합니다.

Review

주어진 문장이 맞으면 YES에 동그라미하세요.
주어진 문장이 옳지 않으면 NO에 동그라미하세요.

1. **NO**
이뉴잇족은 알래스카와 중국에 살고 있습니다.

2. **YES**
그들은 보통 식량을 구하기 위해 사냥을 합니다.

3. **YES**
그들은 추운 날씨 때문에 따뜻한 옷을 입어야 합니다.

4. **NO**
모든 이글루는 눈으로 만듭니다.

5. **YES**
이뉴잇족은 사냥을 할 때 카약을 사용합니다.

Act it Out

Igloo Contest
이글루 안을 디자인 하세요.

1. What color is your igloo?
It is white.
이글루는 무슨 색깔입니까?
흰색입니다.

2. Is it big?
No, it's small.
그것은 큽니까?
아닙니다. 그것은 작습니다.

3. What is it made of?
It's made of styroform.
그것은 무엇으로 만들어졌습니까?
그것은 스티로폼으로 만들어졌습니다.

4. What's inside of your igloo?
There is a miniature chair.
이글루 안에는 무엇이 있습니까?
모형 의자가 있습니다.

Vocabulary

단어를 그 뜻과 연결하세요.

1. c) 사회를 위한 체계
사람들은 법을 따라야합니다.

2. d) 도둑, 강도, 건달
그들은 범죄자를 쫓았습니다.

3. b) 안전을 위한 규칙
안전 수칙에 대해 가르쳐줍니다.

4. e) 상처, 상해를 입히거나 사람을 살해하는 것
그들은 마을을 폭력으로부터 지켜줍니다.

5. a) 위험하거나 불쾌한 상황에 있는 사람들을 구해내는 것
그들은 위험에 빠진 사람들을 구했습니다.

Listening

Teacher	Today, we have a very special guest. Let me introduce Mr. Henderson. As you know he is a police officer. When he comes to the front, please welcome him with a big round of applause, Mr. Henderson?
Henderson	Hi, children. I'm Peter Henderson. Nice to meet you.
Kids	Hello, Mr. Henderson. Nice to meet you, too.
Teacher	Mr. Henderson is doing a very important job in our community. If you want to know about what he's doing, ask him a question.
Kid 1	Do you catch bad guys?
Henderson	Yes, I do. One of my jobs is protecting people in my town. I always work with people in the community to make our town safe.
Teacher	Police officers keep criminals under control so you can grow up safely.
Kid 2	Last year they helped me when I got lost. They gave me a ride, too.
Kids	Cool!
Henderson	That could be an unforgettable experience. Everyday I patrol the neighborhood in my car. I drive around and solve any problems I see.
Kid 3	Do you teach people any rules?
Henderson	Yes, I do. Especially I like to work with children like you. I teach them the rules of the road for safe bike riding. I also teach what the safety signs mean. We're always ready to help people whenever they need us.
Kid 2	I think police officers are very important people in the world.
Teacher	Yes, you're right. Thank-you to Mr. Henderson for keeping our town safe.

선생님	오늘 특별한 손님이 오셨어요. 핸더슨 씨를 소개할게요. 알다시피 핸더슨 씨는 경찰관입니다. 핸더슨 씨가 앞으로 나오면 환영의 뜻으로 큰 박수를 부탁드려요. 핸더슨 씨?
핸더슨	안녕하세요, 어린이 여러분. 만나서 반갑습니다.
아이들	안녕하세요, 핸더슨 씨. 만나서 반갑습니다.
선생님	핸더슨 씨는 우리 지역사회를 위해서 매우 중요한 일을 하고 계십니다. 그의 직업에 대해 알고 싶은 것이 있으면 질문하세요.
아이1	나쁜 사람들도 잡으시나요?
핸더슨	예, 그렇습니다. 제 일 중의 하나는 우리 마을 사람들을 보호하는 것이거든요. 우리 마을을 안전하게 만들기 위해 다른 사람들과 함께 일을 합니다.
선생님	경찰관들은 범죄를 방지해서 우리가 안전하게 잘 자랄 수 있게 해 주시죠.
아이2	작년에 제가 길을 잃었을 때 경찰관들의 도움을 받은 적이 있어요. 경찰차도 타 봤어요.
아이들	와! 좋았겠다.
핸더슨	잊을 수 없는 경험이었겠네요. 매일 경찰차를 타고 마을을 돌면서 순찰을 하지요. 지역을 돌아보다가 문제가 생기면 처리를 합니다.
아이3:	사람들에게 규칙에 관해서 가르치나요?
핸더슨	예. 그렇습니다. 특히 여러분과 같은 어린이들을 만날 때가 좋아요. 안전하게 자전거를 타는 법에 대해 가르치기도 하구요, 안전 사인들의 각 의미를 알려주는 일도 합니다. 사람들이 우리를 필요로 하면 도와줄 준비가 늘 되어 있어요.
아이2	경찰관이란 진짜 멋진 일 인 것 같아요.
선생님	예, 맞습니다. 자 핸더슨 씨께 우리 마을을 지켜주시는 것에 대해 다시 한번 감사의 말을 전해야겠네요.

대화를 듣고 맞는 답을 고르세요.

1. ③ He is a police officer.
   핸더슨씨의 직업은 무엇인가요?
   경찰관입니다.

2. ② He teaches people about safety rules.
   핸더슨 씨가 하는 일은 무엇인가요?
   사람들에게 안전 수칙에 대해 가르쳐줍니다.

3. ② He teaches not to play in the river without grown-ups.
   핸더슨 씨가 아이들에게 가르치는 것은 무엇인가요?
   어른 없이는 강에서 놀지 말 것을 가르칩니다.

Reading

경찰관

경찰관은 우리들의 친구입니다. 그들은 법을 집행하는 사람들입니다. 그들은 범죄자를 잡고, 증거를 확보합니다. 그들은 시민들의 안전을 위해 열심히 일하고, 우리가 평화롭게 지낼 수 있게 해줍니다. 경찰관들은 또 아이들이 안전하게 놀 수 있게 지켜주기도 합니다. 몇몇 지역의 경찰서에서는 아이들을 위한 프로그램을 진행하고 있습니다. 그들은 아이들에게 안전하게 자전거를 타는 도로 규칙을 가르쳐줍니다. 아이들은 헬멧착용, 손목과 무릎보호대의 중요성을 배웁니다. 아이들은 또한 멈춤과 위험과 같은 안전표지에 대해서도 배웁니다. 경찰관들은 아이들이 두려움이나 걱정없이 밖에서 놀거나 등하교를 하도록 도와줍니다. 경찰관들은 우리 마을을 범죄와 폭력으로부터 더 안전히 지켜줍니다. 그들은 매일 마을을 순찰하고 직시한 문제들을 해결하려고 노력합니다. 미아를 찾아주고 거리 폭력단을 체포하는 것 또한 그들의 일입니다. 경찰관은 항상 위험에 처한 사람들을 구할 준비를 하고 있습니다. 경찰관들은 때로는 범죄자를 쫓는 상황에서 위험에 처하는 경우도 있습니다. 경찰서는 다양한 위험의 형태를 아이들이 이해할 수 있도록 학교에 특별한 프로그램을 제공하기도 합니다. 이러한 프로그램은 우리의 생활을 파괴할 수 있는 문제점들을 보여주고 그러한 문제들을 막는 방법을 제시합니다. 경찰관들은 항상 현장에 나갈 준비를 하고 있습니다. 그들은 때론 악천후에도 외근을 해야 합니다. 그들의 투철한 노력 덕분에 사람들은 평화롭게 삽니다. 그들은 매일 위험으로부터 우리들을 안전하게 지켜주고 구해주려고 노력합니다.

문제를 읽고 맞는 답을 고르세요.

1. ② What police officers do in our community
   무엇에 관한 글입니까?
   경찰이 우리 지역사회에서 하는 일

2. ③ at the police department
   경찰관이 일하는 곳은 어디입니까?
   경찰서

3. ④ They help children solve the math problems.
   경찰관이 하는 일이 아닌 것을 고르세요.
   수학문제를 푸는 것을 도와줍니다.

4. ① They are helpers in our community.
   경찰관에 대한 설명으로 옳은 것은 무엇입니까?
   경찰관은 지역사회 조력자입니다.

5. ③ To check the town and solve any problems what they see
   왜 경찰관들은 매일 마을주변을 순찰하나요?
   마을을 점검하고 발생한 문제를 해결하기 위해서입니다.

Grammar

TG to 부정사(Verb + to infinitive)에 대해 배워봅시다. 준동사에 해당하는 to부정사는 문장에서 동사가 아닌 명사, 형용사, 부사의 역할을 합니다.

Verb + to infinitive (to부정사)

When I grow up, I want to be a police officer.
제가 어른이 되면 경찰관이 되고 싶습니다.

Police officer tries to solve the problems.
경찰관은 그 문제를 해결하기 위해 노력합니다.

보기에 주어진 단어의 형태를 올바르게 하여 문장을 완성하세요.

1. to have
   남동생은 자전거를 갖고 싶었습니다.

2. to buy
   그래서 그는 자전거를 사기로 결정했습니다.

3. to ride
   그는 자전거를 사서 타는 것을 배웠습니다.

4. to go
   그는 자전거로 등교하려는 계획입니다.

5. to see
   그의 친구들이 새 자전거를 보고싶어 했습니다.

Writing

경찰관에 대한 브레인스토밍 지도를 완성하세요.

브레인스토밍 지도를 이용하여 지역사회 조력자들 중에 한 종류를 가지고 에세이를 써보세요.

There are many helpers in our community. One of them is a police officer. They work with people in the community to make our town safe. Police officers keep criminals under control to make our neighborhoods peaceful. They also teach children the rules of the road and what the safety signs mean. They help to find missing children when they get lost. They usually work at the police station. Sometimes they drive around and work outside.

우리 공동체에는 많은 조력자들이 있습니다. 그 중 하나는 경찰관입니다. 그들은 마을을 안전하게 만들기 위해 다른 사람들과 함께 일을 합니다. 경찰은 이웃들이 평화롭게 살 수 있도록 범죄를 방지합니다. 그들은 아이들에게 안전하게 자전거 타는 법을 가르쳐줍니다. 그들은 또 아이돌이 길을 잃었을 때 미아를 찾아줍니다. 그들은 보통 경찰서에 일합니다. 때때로 차를 타고 순찰을 합니다.

Speaking

지역사회 조력자에 대해 이야기 해보세요.

- Do you know what 'community helper' means?
  Yes, they are people who work for our community.
  지역사회 조력자가 무슨 말인지 아나요?
  네, 그들은 우리 지역 사회를 위해 일하는 사람들이에요.

- Who are community helpers?
  Doctors, firefighters, and police officers are community helpers.
  알고 있다면 몇 가지만 말해보세요.
  의사들, 소방관들 그리고 경찰관들이 그런 사람들이에요.

- What do police officers do?
  They catch criminals and work hard to protect people and keep our neighborhoods peaceful.
  경찰관들은 무슨 일을 하나요?
  범죄자들을 잡고 사람들을 보호하며 우리 이웃을 돌봅니다.

- Where do police officers usually work?
  They work at the police department.
  경찰관들은 주로 어디서 일합니까?
  경찰서에서 일합니다.

Review

주어진 문장이 맞으면 YES에 동그라미하세요.
주어진 문장이 옳지 않으면 NO에 동그라미하세요.

1. YES
   경찰관들은 우리 지역사회의 조력자입니다.

2. NO
   경찰관들은 범죄자를 잡기 위해 우표를 모읍니다.

3. YES
   경찰서에서는 아이들을 위한 프로그램을 갖고 있습니다.

4. NO
   미아를 찾는 일은 경찰관들의 일이 아닙니다.

5. NO
   경찰관들은 악천후에는 외근을 하지 않습니다.

Act it Out

개인 또는 그룹으로 경찰관 제복을 디자인 해보세요.

TG 먼저 현재의 경찰복에 대해 교사와 아이들이 이야기를 나눈 후 진행합니다.

Make a uniform

blue or brown uniforms 청색 또는 갈색 유니폼 caps 모자 whistle 호루라기 badge 배지 shoes 신발

이제 경찰관들의 유니폼을 디자인해 보세요.
품목 중에 필요한 것은 무엇인가요?
각 품목의 색깔은 무엇인가요?

Unit 6
Rules

Vocabulary

단어를 그 뜻과 연결하세요.

1. c) 공급품들, 물건, 도구
   장비는 위험으로부터 우리를 보호해 줍니다.

2. a) 함께 모임을 갖는 사람들의 규모가 큰 그룹
   사람들을 밀지마라.

3. d) 두 장소 사이에 간격
   안전거리를 지켜라.

4. e) 가까운 친구
   그네에서 친구와 타지 마시오.

5. b) 신발
   운동장에서 놀 때 신발을 신으세요.

Listening

Girl   Mom! Can I go ride my roller blades?

Mom   Don't forget to wear a helmet.

Girl   But mom, it gets hotter and hotter with my helmet.

Mom   I know. But wearing your helmet is important. Helmets will protect your brain. And don't forget to wear wrist, knee and elbow pads, too.

Girl   Ok, mom. But it's not easy to wear them.

Mom   I'll help you.

Girl   Why do I have to wear these things?

Mom   Because they keep you from getting hurt. They can protect you from broken bones. Now, you're ready to go.

Girl   Thank you, mom.

Mom   Make sure there are no cars before you cross the street.

Girl   I will. I will be back before dinner.

Mom   OK. Have fun!

여자아이   엄마! 롤러스케이트 타라 나가도 되요?

엄마   헬멧 쓰는 것 잊지 마라.

여자아이   하지만 엄마. 헬멧 쓰면 너무 더워진단 말이에요.

엄마   알아. 하지만 헬멧을 쓰는 건 매우 중요한거야. 헬멧은 네 뇌를 보호해 주거든. 그리고 손목, 무릎 그리고 팔꿈치 보호대 하는 것도 잊지 마라.

여자아이   알았어요, 엄마. 근데 착용이 쉽지 않아요.

엄마   내가 도와줄게.

여자아이   왜 이런 것들을 꼭 해야하는 거예요?

엄마   왜냐하면 이런 장비들은 우리를 다치지 않게 해 주거든. 넘어져도 뼈가 부러지는 걸 방지해 주지. 자 이제 되었다.

여자아이   고마워요. 엄마.

엄마   차가 오는지 꼭 확인하고 길 건너는 것도 잊지 말고.

여자아이   그럴게요. 저녁 먹기 전엔 올게요.

엄마   그래. 재밌게 놀다와.

대화를 듣고 맞는 답을 고르세요.

1. ③ mom and daughter
   대화를 하는 사람은 누구인가요?
   엄마와 딸

2. ③ She wants to ride her roller blades.
   저녁식사 전에 여자 아이가 하고 싶어 하는 건 무엇인가요?
   롤러 블레이드를 타고 싶어 합니다.

3. ③ gloves
   롤러 블레이드 타기 전에 여자 아이가 착용한 것이 아닌 것은 무엇인가요?
   장갑

Reading

안전규칙

어떤 장소든 그 곳의 규칙이 있습니다. 자전거나 롤러브레이드를 탈 때, 여러분은 헬멧을 착용해야 합니다. 또한 팔꿈치, 손목, 무릎 보호대도 착용해야 합니다. 이러한 장비들은 위험으로부터 여러분을 안전하게 보호해 주는데 도움을 줍니다. 다음은 두 개의 다른 장소에서 지켜야 할 규칙들입니다. 이 규칙들의 공통점과 차이점은 각각 무엇인가요?

놀이터에서의 안전 규칙

- 다른 사람을 절대 밀치거나 밀어내지 마세요.
- 그네 타고 있는 아이들과 안전한 거리를 유지하세요.
- 그네 하나에 한 명 이상 타지 마세요.
- 시소를 탈 때는 서로 상대방의 얼굴을 마주 보며 타세요.
- 미끄럼틀 위에는 한 번에 한 사람씩만 올라타세요.
- 망가진 놀이기구는 타지 마세요.
- 놀이터에서 놀 때는 항상 적당한 신발을 신으세요.

물놀이 안전 규칙

- 절대 혼자 수영하지 마세요. 항상 친구나 보호자랑 함께 수영하세요.
- 물 근처에서 뛰어 다니지 말고 다른 사람을 밀치지 마세요.
- 식사 직후에는 수영하지 마세요.
- 수영하는 법을 먼저 배우세요.
- 보트를 탈 때나 수상경기를 할 때는 구명조끼를 항상 착용하세요.
- 보호자 없이 물 근처에 가지 마세요.
- 천둥 번개가 치면 즉시 물 밖으로 나오세요.

문제를 읽고 맞는 답을 고르세요.

1. ④ Rules for water

   무엇에 관한 글인가요?
   물놀이할 때 지켜야 할 규칙

2. ② helmet

   자전거를 탈 때 필요한 것은 무엇인가요?
   헬멧

3. ③ You should swim alone.

   물놀이할 때 지켜야할 안전규칙에 대해 틀리게 설명한
   것을 고르세요.
   혼자 수영하세요.

4. ④ You should ride with friends on a swing.

   놀이터에서의 안전규칙에 대한 언급으로 틀린 것은 무엇
   인가요?
   친구와 함께 그네 타야합니다.

5. ① Because it helps keep them safe from
   danger.

   사람들이 구명조끼를 입는 이유는 무엇인가요?
   위험에서 안전하게 지켜줄 수 있기 때문에

Grammar

TG 조동사(Auxiliary verbs) Should에 대해 배워봅시다.
Should는 도덕적인 권장 사항이나 충고를 할 때 사용하
는 조동사로 문장에서 should 다음에 오는 동사는 원형
을 써야 합니다.

Should

Mild obligation (의무)	You should wear a helmet when you ride a bike. 자전거를 탈 때 헬멧을 반드시 착용해야 합니다.
Advice (충고)	You should not drive so fast. 차를 너무 빨리 운전하지 마세요.

박스 안에 있는 단어와 should를 사용하여 문장을 완성하
세요.

1. should study

   그는 시험을 준비하기 위해 열심히 공부해야 합니다.

2. should clean

   제 방은 어질러져 있습니다. 저는 방을 치워야 합니다.

3. should not eat

   건강해지려면 야채를 더 먹어야 합니다.

4. should go

   그녀는 피곤해서 지금 자야합니다.

Writing

안전규칙에 관한 벤다이어그램을 완성하세요.

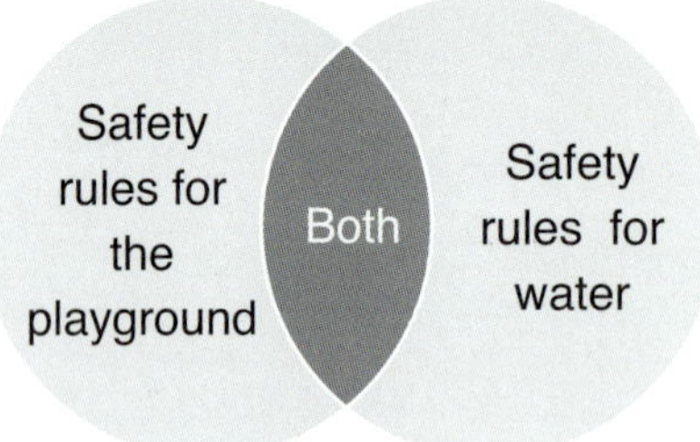

Safety rules for the playground

놀이터에서의 안전 규칙

- Never ride with more than one child on a swing.
  그네 하나에 한 명 이상 타지 마세요.

- Always sit facing one another on the seasaw.
  시소를 탈 때는 서로 상대방의 얼굴을 마주보며 타세요.

Both

공통점

- Never push others.
  다른 사람을 절대 밀지 마세요.

- Never shout to others.
  다른 사람에게 소리 지르지 마세요.

Safety rules for water

물에서의 안전규칙

- Always wear a life jacket on boats.
  보트를 탈 때는 구명 조끼를 항상 착용하세요.

- Never go near water without your parents.
  보호자없이 물 근처에 가지 마세요.

벤다이어그램을 바탕으로 안전규칙에 대한 에세이를 써보
세요.

Today I learned about some safety rules. They
are rules for people. They protect us from
danger. Every place has its own safety rules.
Here are two different rules for two different
places. It is one of the safety rule for the
playground that we should not ride with more
than one child to a swing. Always wear a life
jacket on boats is a safety rule for water. There
is a common safety rule for the playground and
water. It is that we should not push others.

오늘 난 안전 규칙들을 배웠다. 그것은 사람들을 위한 규칙으
로 위험으로부터 우리를 보호한다. 모든 장소에는 자신만의
안전 규칙이 있다. 여기 서로 다른 두 장소에 맞는 각각의 규

칙들이 있다. 그네 하나에 한 명 이상 타면 안 된다는 것은 놀이터에서의 안전 규칙이다. 보트를 탈 때는 항상 구명조끼를 입어야 한다는 것은 물놀이의 규칙이다. 놀이터와 물에서의 공통된 규칙이 있다. 그것은 다른 사람을 밀어서는 안된다는 것이다.

Speaking

안전규칙에 대해 이야기 해보세요.

킹콩: Do you think safety rules are important?

안전 규칙이 중요하다고 생각합니까?

도널드: Yes, they are.

네.

킹콩: Why do you think safety rules are important?

안전 규칙이 왜 중요하다고 생각합니까?

도널드: Because they keep us safe.

사람들을 안전하게 지켜주기 때문입니다.

킹콩: What are the safety rules for the playground?

놀이터에서의 안전 규칙은 무엇입니까?

도널드: You shouldn't push others.

다른 사람을 밀어서는 안 됩니다.

킹콩: Tell me one safety rule for water.

물놀이 안전 규칙 하나만 말해 보세요.

도널드: You should never swim alone. Always swim with a buddy.

절대 혼자 수영하지 말고 친구랑 해야 합니다.

킹콩: What will happen to you if you don't keep the rules?

만약 규칙을 지키지 않으면 어떤 일이 벌어집니까?

도널드: You might get hurt.

다칠 수도 있습니다.

Review

주어진 문장이 맞으면 YES에 동그라미하세요.
주어진 문장이 옳지 않으면 NO에 동그라미하세요.

1. YES

안전규칙은 위험에서 당신을 안전하게 지켜줄 수 있습니다.

2. YES

식사 후 바로 수영을 하지 마세요.

3. NO

물가 주변에서 다른 사람들을 밀어도 됩니다.

4. NO

자전거를 탈 때 구명조끼를 입어야 합니다.

5. YES

보호자 없이 수영해서는 안 됩니다.

Act it Out

1. 우리 학급 규칙을 만들어 보세요.
2. 3~4개의 그룹으로 나눕니다.
3. 우리가 지켜야만 하는 규칙에 대해 생각해 봅니다.
4. 우리 학급의 5개의 규칙을 정하세요.
5. 게시판에 적으세요.

Vocabulary

단어를 그 뜻과 연결하세요.

1. b) 발의 아래면
그들은 발바닥을 제외한 모든 몸이 털로 덮여 있습니다.

2. c) 매우 공격적이고 화가 난
고릴라는 보통 사나운 동물이 아닙니다.

3. d) 유순하고, 화내지 않음
그들은 유순하고 성격도 느슨한 동물입니다.

4. a) 죽음
고릴라는 멸종 위험에 처했습니다.

5. e) 같은 지역에 사는 사람이나 동물
개체 수가 줄어들고 있습니다.

Listening

Teacher	Today we're going to learn about Gorillas. What do you know about gorillas?
Student 1	They are the largest apes.
Teacher	Yes, you're right. And do you know where they live?
Student 2	They live in Africa.
Teacher	Good. They live in the forest of Africa. As you know they have strong, heavy bodies.
Student 3	I saw them walking on their feet and hands on TV.
Teacher	Right. They usually walk on their feet and hands. They also can walk on two legs just like people.
Student 1	What do they eat?
Teacher	They eat leaves, stems, bark, fruits, flowers, and wood. Sometimes they eat insects.
Student 2	My dad said they don't drink. Is that true?
Teacher	Yes. As your father said, gorillas rarely drink water.

선생님 오늘은 고릴라에 대해서 배워보아요. 고릴라에 대해서 알고 있는 게 있나요?
학생 1 큰 영장류에요.
선생님 그래요. 맞아요. 어디 사는지도 아나요?
학생 2 아프리카요.
선생님 잘했어요. 아프리카의 숲에서 산답니다. 여러분들도 이미 알고 있듯이 고릴라는 힘세고 큰 몸집을 가지고 있지요.
학생 3 TV에서 손과 발로 걸어 다니는 걸 봤어요.
선생님 맞아요. 고릴라는 손과 발을 사용해서 걷는답니다. 하지만 또 사람처럼 두 다리로 걷기도 한답니다.
학생 1 뭘 먹나요?
선생님 나뭇잎이나 줄기, 나무껍질, 열매, 꽃, 나무 등을 먹는답니다. 때때로 곤충을 먹기도 하지요.
학생 2 아빠가 그러셨는데 고릴라는 물을 마시지 않는대요. 진짜예요?
선생님 그래요. 아버지 말씀처럼 고릴라는 거의 물을 마시지 않는답니다.

대화를 듣고 맞는 답을 고르세요.

1. ② In Africa
고릴라들은 어디서 삽니까?
아프리카

2. ③ both
어떻게 걸어 다닙니까?
손과 발, 두 다리로

3. ③ nothing
무얼 주로 마십니까?
거의 안 마심.

Reading

고릴라

고릴라는 크고, 수줍음이 많고 친숙한 영장류입니다. 그들은 주로 아프리카 서부와 동부에 살고 있습니다. 고릴라의 몸집은 크고 힘도 셉니다. 그들은 얼굴, 가슴, 손바닥과 발바닥을 제외한 몸 전체가 갈색의 털로 덮여있습니다. 넓적한 어깨와 커다란 가슴과 긴 팔을 가진 수컷 고릴라는 키 1.7 미터에 몸무게는 200kg 까지 자랄 수 있습니다. 이러한 수컷에 비해 암컷은 작고 무게가 덜 나갑니다. 고릴라는 겉으로는 사납게 보이지만, 실제로는 유순하고, 성격도 느슨한 동물입니다. 그들은 자신들이 공격을 받지 않거나 두려움을 느끼지 않는 한 사람을 해치지 않습니다. 고릴라는 두 발과 두 손으로 땅을 짚으며 걷습니다. 그들의 팔은 뒷다리보다 깁니다. 그들은 때론 사람들처럼 두 발로 걷기도 합니다. 고릴라가 가장 좋아하는 먹이는 나뭇잎, 줄기와 나무껍질, 과실, 꽃과 나무입니다. 한 마리의 커다란 고릴라는 하루에 27kg의 먹이는 먹을 수 있습니다. 고릴라는 대체로 온화한 동물입니다. 고릴라는 여러 가지 복잡한 소리와 몸짓으로 서로 의사소통을 합니다. 그들은 으르렁, 그르렁거리다가 어떤 때는 애처롭게 울기도 합니다. 고릴라의 얼굴을 가까이 들여다보게 되면, 그들이 어떤 말을 하는지 알 수 있을 것입니다. 가끔 고릴라는 잠을 자거나 먹이를 먹기 위해 나무 위로 올라가지만, 오랜 시간을 나무 위에서 보내지는 않습니다. 고릴라는 보통 땅위에서 지냅니다. 20~30 마리의 고릴라들은 하나의 무리를 이루어 지냅니다. 이러한 고릴라 무리는 집단이라 불립니다. 하나의 집단은 다 자란 수컷 고릴라들과 암컷 고릴라들 그리고 여러 마리의 새끼 고릴라들로 구성되어 있습니다. 우두머리 고릴라가 이 집단을 이끌고 있습니다. 이 우두머리는 무리가 어디로 가서 무엇을 먹고, 어디서 자는지 모든 것을 결정합니다. 이 우두머리는 또한 곳곳에 도사리고 있는 위험으로부터 자기 무리를 지켜내기도 합니다. 오늘날 고릴라들은 멸종의 위기에 놓여있습니다. 과학자들은 고릴라 사냥과 숲의 벌목과정에서 고릴라의 삶의 터전을 잃어가기 때문에 고릴라의 수가 점점 줄어들고 있다고 말합니다. 전문가들은 정부와 사람들이 이 위대한 영장류를 구하기 위해 뭔가를 해야 할 때라고 말합니다.

문제를 읽고 맞는 답을 고르세요.

1. ③ All about gorillas
   무엇에 관한 글입니까?
   고릴라에 관한 모든 것

2. ② They are mammals.
   고릴라에 관한 설명 중 맞는 것은 무엇입니까?
   고릴라는 포유동물입니다.

3. ① It protects his troop.
   우두머리 고릴라에 관한 문장을 고르세요.
   자신의 무리를 보호합니다.

4. ③ Because they want to sleep.
   왜 고릴라가 나무 위로 올라갑니까?
   잠자기를 원하기 때문입니다.

5. ③ Because they are killed by hunters.
   고릴라가 멸종의 위기에 놓인 이유는 무엇입니까?
   고릴라를 많이 사냥하기 때문입니다.

Grammar

TG 비교급(Comparison) 구문을 만드는 방법에 대해 배워봅시다. 두 개의 대상을 비교할 때 형용사의 어미에 -er를 붙이고, 기준이 되는 대상 앞에는 than을 넣어 비교급 구문을 만듭니다.

Comparing with Adjective

Rule : add -er
short → shorter / light → lighter

I have a younger brother. And he is shorter than me.
저는 어린 남동생이 있습니다. 그는 저보다 작습니다.

Femals are shorter and lighter than the males.
수컷에 비해 암컷은 작고 무게가 덜 나갑니다.

올바른 단어에 동그라미 하세요.

1. longer
   고릴라의 팔은 뒷다리보다 깁니다.

2. older
   고양이는 쥐보다 나이가 많습니다.

3. smaller
   쥐는 고양이보다 작습니다.

4. shorter
   쥐는 고양이보다 키가 작습니다.

Writing

고릴라에 대한 단어 지도를 완성하세요.

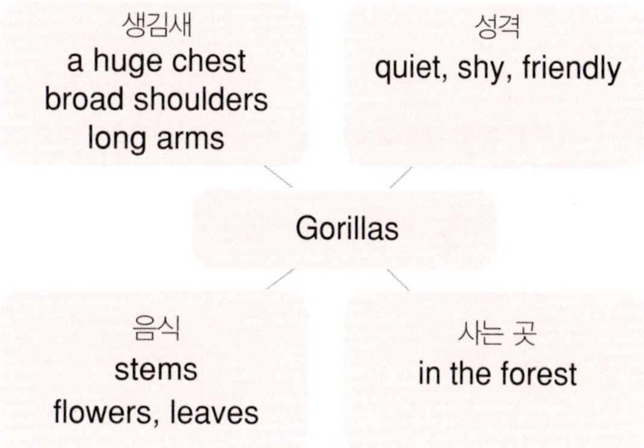

어휘들을 사용해서 짧은 에세이를 써 보세요.

Gorillas are one of the largest animals in the world. They have a huge chest and broad shoulders and long arms. They live in the forest of Africa or in West and East Africa. They look fierce, but they are actually quiet, friendly even shy animals. They can walk. along the ground on their feet and hands. They usually eat leaves, stems, bark, fruits, flowers, and woods. Gorillas are in danger of extinction and need to be protected these days.

고릴라는 세상에서 가장 큰 동물 중의 하나입니다. 고릴라는 넓적한 어깨와 커다란 가슴과 넓은 어깨, 긴 팔을 가졌습니다. 그들은 아프리카 밀림에서 살고 있습니다. 고릴라는 난폭하게 생겼으나 사실 조용하고 유순하며 심지어 수줍음을 타는 동물입니다. 고릴라는 두 발과 두 손으로 땅을 짚으며 걷습니다. 그들이 주로 먹는 것은 나뭇잎, 줄기와 나무껍질, 과실, 꽃과 나무입니다. 현재 고릴라는 멸종 위기에 처해있어 보호해야 합니다.

Speaking

고릴라에 대해 이야기 나누어보세요.
A: Do you like gorillas?

고릴라를 좋아하니?

B: No, I don't. I don't like gorillas.
아니요 좋아하지 않습니다.

A: Have you ever seen gorillas?
고릴라를 본 적이 있나요?

B: No, I haven't. I haven't seen gorillas.
아니요. 고릴라를 본 적이 없습니다.

A: Where have you seen them?
어디서 봤나요?

B: I have seen them on TV.
티비에서 본 적이 있어요.

A: Where do gorillas live?
고릴라는 어디서 사나요?

B: They live in West and East Africa.
그들은 주로 아프리카 서부와 동부에 살고 있어요.

A: What can they do?
무엇을 할 수 있나요?

B: Gorillas can walk along the ground on their feet and hands.
고릴라는 자신들의 발과 손을 이용해 지면을 걸어 다닐 수 있어요.

Review

주어진 문장이 맞으면 YES에 동그라미하세요.
주어진 문장이 옳지 않으면 NO에 동그라미하세요.

1. NO
고릴라는 세계에서 가장 큰 포유동물입니다.

2. YES
수컷 고릴라는 넓적한 어깨를 갖고 있습니다.

3. YES
고릴라는 집단을 이루어 삽니다.

4. NO
고릴라는 일반적으로 사나운 동물입니다.

5. YES
요즘 고릴라들은 보호되어져야 하는 동물입니다.

Act it Out

고릴라를 살리기 위한 포스터를 만들어 보세요.

1. 먼저 고릴라를 살리기 위해서 우리들이 할 수 있는 것들에 대해 논의하세요.
2. 논의한 내용에 순서를 정하세요.
3. 색지에 위의 내용들을 쓰고 그림이나 각종 관련 사진들을 붙이세요.
4. 전시하세요.

Hibernation

Vocabulary

단어를 그 뜻과 연결하세요.

1. b) 날씨
그들은 추운 날씨에 잠을 잡니다.

2. c) 길고 깊은 잠을 자다.
곰은 동면합니다.

3. d) 음식에 포함된 물질
그들은 지방을 축적합니다.

4. a) 숨을 들이키고 내뱉다.
그들은 천천히 숨을 쉽니다.

5. e) 야생동물들이 거주하는 집
그들은 자기 위해 우리에 들어갑니다.

Listening

Father   Woo~ It's getting cold. The winter is coming.

Son   My teacher said that some animals have trouble finding food in the winter.

Father   I guess so. Some animals have to prepare for their hibernation.

Son   What is hibernation, Dad?

Father   Some animals take a long winter's nap. That is called hibernation.

Son   What kinds of animals hibernate? Does our puppy hibernate?

Father   No. our puppy doesn't take a long nap. But wood chucks do.

Son   How about bears? I've read about how bears' sleep on a book.

Father   Right. Bears hibernate, too. But they don't sleep so deeply. They are one of the "light sleepers."

Son   While animals are sleeping, don't they eat food?

Father   No. But before going into hibernation, animals must store up fat.

Son   Dad, if we give them food, won't they hibernate?

Father   I don't think so.

아빠   우~ 점점 추워지는구나. 겨울이 오나 보다.

아들　우리 선생님이 그러셨는데 겨울엔 동물들이 먹이 구하
　　　는 게 어렵데요.
아빠　그렇단다. 어떤 동물들은 동면을 준비해야할 것 같구나.
아들　동면이 뭐에요?
아빠　어떤 동물들은 말이지 겨울동안 아주 긴 잠을 잔단다.
　　　그걸 동면이라고 해.
아들　어떤 동물들이 동면을 하나요? 우리 강아지도 동면을
　　　하나요?
아빠　아니. 우리 강아지는 동면하지 않는단다. 하지만 마멋
　　　은 동면을 취한단다.
아들　곰은요. 전에 책에서 곰의 겨울잠에 대해 읽었어요.
아빠　맞아. 곰도 동면한단다. 하지만 곰들은 깊게 잠들지
　　　않는단다. 곰들은 얕은 겨울잠을 자는 동물들 중의 하
　　　나야.
아들　겨울잠 자는 동안에는 아무것도 안 먹나요?
아빠　그렇단다. 하지만 동면 들어가기 전에 지방을 비축해
　　　놔야만하지.
아들　아빠, 만약 우리가 동물들한테 음식을 나누어주면 동면
　　　을 안 하지 않을까요?
아빠　아마 아닐걸.

대화를 맞는 답을 고르세요.

1. ② Food

동물들은 겨울에 어떤 문제가 있습니까?

먹이

2. ③ Kittens

겨울에 동면하는 동물이 아닌 것을 고르세요.

고양이

3. ① They must store up fat.

동면에 들어가기 전에 동물들은 가장 먼저 무엇을 해야
합니까?

지방을 비축해야 합니다.

Reading

동물들의 겨울잠

날이 짧아지고 추워지면 동물들에겐 무슨 일이 일어날까요?
따뜻한 곳으로 이동하는 동물도 있고, 겨울잠을 자는 동물도
있습니다. 동면은 동물들이 추운 겨울동안 아주 긴 잠을 자는
시간입니다. 동물들의 이러한 겨울잠은 인간의 수면과는 다릅
니다. 겨울잠을 자는 동물들은 오랫동안 깨어나지 않고 깊은
잠에 빠집니다. 만약 겨울잠을 자는 줄다람쥐를 보게 되면,
당신이 줄다람쥐가 죽었을 것이라고 생각할지도 모릅니다. 겨
울잠을 자는 동물들은 가을에 보통 때보다 많은 양의 먹이를
먹습니다. 그들은 음식을 몸 안에 지방으로 저장하고, 잠을
자는 동안 이 저장한 지방을 소모하면서 생명을 지탱합니다.
겨울잠을 잘 때, 동물들은 숨을 천천히 쉬고, 심장박동은 내
려가고 먹이는 취할 필요가 없습니다. 잠을 자기에 안전한 장
소를 찾는다는 것 또한 중요합니다. 동면을 취하는 동물들이

깊은 잠에 빠지게 되면, 그들의 몸은 느려집니다. 동면의 종
류는 상이합니다. 머멧, 들다람쥐와 박쥐는 너무 깊은 잠을
자기 때문에 깨어나기가 거의 불가능합니다. 박쥐는 동굴, 빌
딩, 오래된 광산이나 속이 빈 나무 안에서 겨울잠을 잡니다.
들다람쥐는 추운 겨울 내내 잠을 자기 위해 굴속으로 들어갑
니다. 그러나 곰, 너구리와 스컹크는 따뜻한 겨울날 때때로
깨어나 먹이를 찾습니다. 봄이 되면, 모든 겨울잠을 자던 동
물들은 깨어나 다시 새로운 삶을 시작합니다. 동면은 신비롭
고 놀랄만한 동물들의 적응입니다.

문제를 읽고 맞는 답을 고르세요.

1. ② Winter sleeping animals

무엇에 관한 글입니까?

겨울잠을 자는 동물

2. ② It is a time when animals sleep during the
winter.

동면에 대한 설명으로 맞는 것은 무엇입니까?

동물들이 겨울 내내 잠을 자는 것을 말합니다.

3. ① Bears

동면기간 동안 잠에서 깨는 동물은 무엇인가요?

곰

4. ③ They wake up to eat food during the hiber-
nation.

박쥐에 대한 언급이 아닌 것은 무엇입니까?

겨울잠을 자다가 먹이를 먹으려고 깨어납니다.

5. ① To look for some food

왜 너구리는 겨울잠을 자다가 깨어납니까?

먹이를 찾기 위해

Grammar

TG　동사 get은 다음에 형용사와 명사가 오면 의미가 다릅
니다.

get

get with adjective (= become)	The days get shorter and colder. 낮이 짧아지고 추워집니다.
get with nouns (=receive, buy, find)	I got a post card yesterday. 나는 어제 엽서 한 장을 받았 습니다.

박스 안에 있는 단어와 get을 사용하여 문장을 완성하세요.

1. get a book

동면을 하는 동물에 관한 책을 받았습니다.

2. gets cold

겨울이 다가오면 날씨는 추워집니다.

3. gets light

태양이 떠오르면 날이 밝아집니다.

4. get a newspaper

그는 신문을 사러 가게에 갔습니다.

5. got tired

너무 열심히 일해서 피곤해졌습니다.

Writing

동면하는 동물에 대한 에세이를 자신 만의 노트로 만들어 보세요.

Title 제목	Sleeping in winter 겨울잠
Beginning 서론	What is hibernation? 동면이란 무엇인가?
Middle 본론	Describe what kind of the hibernating animals there are. 동면하는 동물의 종류는 무엇인지 설명하세요.
	Describe why they hibernate. 그들이 왜 동면하는지 설명하세요.
Ending 결론	Describe when they wake up. 언제 깨는지 묘사하시오.

자신의 노트를 사용하여 동면하는 동물에 대한 짧은 에세이를 써보세요.

There are some animals that sleep in the cold winter. They are hibernating animals. The hibernating animals are bears, chipmunks, and bats. They hibernate because animals can hardly find food in the cold winter. They have to store the food in their bodies as fat first to take a long sleep. Bears wake up to eat food during the hibernation. Most kinds of hibernating animals wake up in the spring and start their new life again.

추운 겨울 동안 잠을 자는 동물들이 있습니다. 그것들은 동면하는 동물입니다. 동면하는 동물들은 곰, 들다람쥐, 박쥐 등이 있습니다. 동물들이 동면하는 이유는 겨울에 음식을 찾기 어렵기 때문입니다 .그들은 겨울잠을 자기 전에 자기 몸속에 음식을 지방으로 저장해야 합니다. 곰은 동면 도중에 음식을 먹기 위해 깹니다. 대부분 동면하는 동물들은 봄에 깨서 새로운 삶을 시작합니다.

Speaking

동면을 하는 동물들에 대해 이야기해보고 리포트를 완성하세요.

• Tell me the reasons why they hibernate.
<u>Because they have problems to find food in the cold winter.</u>

동면하는 이유를 말해주세요.
추운 겨울에 먹이를 구하기 힘들어서요.

• Bears are light sleeper. Why do they wake up?
<u>Because they wake up to eat food.</u>

곰은 얕은 잠을 잡니다. 왜 그들은 깹니까?
곰은 동면을 하다가도 먹이를 먹으러 깨어나기도 해요.

• When do they wake up?
<u>They wake up when spring comes.</u>

언제 깨어나나요?
봄이 오면 겨울잠에서 일어나요.

Review

주어진 문장이 맞으면 YES에 동그라미하세요.
주어진 문장이 옳지 않으면 NO에 동그라미하세요.

1. YES

동면은 동물들이 추운 날씨 내내 잠을 자는 시간입니다.

2. NO

겨울잠을 자는 동물은 겨울에 먹이를 많이 먹습니다.

3. YES

겨울잠을 자는 동물은 먹이를 자신의 몸에 지방으로 저장합니다.

4. NO

곰은 박쥐처럼 겨울 내내 깨지 않고 잠만 잡니다.

5. NO

겨울잠을 자는 동물은 여름에 깨어납니다.

Act it Out

표를 만들어 동면하는 동물과 하지 않은 동물을 표를 사용해 정리합니다. 게시판에 붙여서 활용할 수 있도록 관련 동물그림이나 사진으로 예를 보여줍니다.

Unit 9
Strange Plants

page*92*

Vocabulary

단어를 그 뜻과 연결하세요.

1. **d)** 잎이 있는 살아있는 유기체
   나무는 식물로 분류된다.

2. **a)** 모양
   어떤 식물은 이상한 형태를 띈다.

3. **e)** 동물을 덫에 잡다
   쥐가 덫에 잡혔다.

4. **b)** 개미, 파리, 나비, 벌
   꽃은 곤충을 먹을 수 있다.

5. **c)** 누군가를 안전하게 보호하다
   대나무가 소리를 낸다.

Listening

Staff	Welcome to our botanical garden! As you can see there are a lot of plants. Before starting the tour, we have to think about what plants are? Is there anyone who has any ideas?
Student 1	Trees are plants.
Student 2	Flowers are plants, too.
Staff	Yes, you are right. When we think about plants, we might think of trees, flowers and grass.
Student 3	They also have roots growing into the ground.
Staff	Exactly. But some plants are not like most plants. Some plants have funny colors, strange shapes, and weird growth patterns.
Student 1	Are there plants that can move?
Staff	Yes, there are. There are plants that can even make sounds.
Student 1,2,3	Wow! Cool!
Student 2	Are there any plants that can eat meat?
Staff	Sure there are. For example, the Venus' flytrap can eat insects. You'll meet a lot of strange plants today. Are you ready to join in?

Student 1,2,3	Yes!
직원	식물원에 오신 걸 환영합니다. 보시다시피, 이곳엔 여러가지 식물들이 있습니다. 돌아보기 전에 먼저 식물이란 무엇인가에 대해 생각해 봅시다. 이에 관해 어떤 의견이라도 있는 사람 있나요?
학생 1	나무는 식물이에요.
학생 2	꽃도 식물이지요.
직원	네, 맞아요. 식물이란 무엇인가에 대해 생각해보면 아마도 나무, 꽃 그리고 풀 등을 떠올리게 되지요.
학생 3	식물은 또 땅속에 뿌리가 있어요.
직원	정확해요. 하지만 어떤 식물들은 대개의 식물들과는 아주 달라요. 색도 다양하고 이상한 형체를 갖고 있거나 독특한 성장 패턴이 있는 식물들도 있거든요.
학생 1	그럼 움직이는 식물도 있나요?
직원	네, 물론이죠. 소리를 내는 식물들도 있답니다.
학생 1,2,3	와, 대단해요!
학생 2	그럼 고기를 먹는 식물도 있나요?
직원	네, 그래요. 예를 들면 Venus' flytrap(파리지옥)은 곤충을 잡아먹지요. 오늘 아주 이상한 식물들을 많이 만나보게 될거에요. 준비됐나요?
학생 1,2,3	네!

대화를 듣고 맞는 답을 고르세요.

1. ③ Botanical garden
   학생들이 방문한 곳은 어디입니까?
   식물원

2. ② a fly
   식물이 아닌 것은 무엇입니까?
   파리

3. ③ It can eat flies.
   왜 파리 지옥이 이상한 식물입니까?
   파리를 먹을 수 있기 때문입니다.

Reading

기이한 식물들

식물은 지구에서 자라는 생명체이다. 식물은 줄기와 잎 그리고 땅 속에서 자라는 뿌리를 갖고 있다. 나무, 꽃과 풀은 식물로 간주된다. 지구에는 약 30만 종의 식물이 있다. 이 식물들 중 몇 종들은 일반적인 식물들과는 다르다. 예를 들어, 몇몇 식물들은 특이하고 이상한 색과 형태 그리고 기묘한 성장 패턴을 갖고 있다. 파리지옥(Venus' flytrap)은 육식식물로 잘 알려져 있다. 파리지옥은 곤충, 거미 그리고 작은 동물들을 잡아먹는다. 턱모양의 잎은 돌아다니는 곤충을 잡아먹는다. 이들의 잎은 덫처럼 생겼고, 잎의 가장자리를 따라 작고 민감한 선이 나있다. 벌레가 잎 안으로 들어오면, 재빨리 닫아버린다. 벌레가 덫에 걸린 것이다. 끈끈이주걱(sundew) 또한 육

식식물이다. 이것은 표면에 난 끈적거리는 털로 벌레를 잡는
다. 그런 다음 벌레를 삼켜 소화시킨다. 호주에 있는 자이언
트 끈끈이주걱은 심지어 작은 개구리도 잡아먹을 수 있다. 꽃
은 보통 강한 향기로 벌레를 유혹한다. 어떤 꽃향기는 사람들
에겐 지독하다. 아프리카 불가사리 꽃이라 불리는 스타펠리아
(Stapelia)는 썩은 고기 냄새가 난다. 어떤 식물은 괴상한 모
양을 하고 있기도 한다. 리빙스톤(Living stones)은 돌처럼 생
겼다. 리빙스톤은 보통 덥고 건조한 지역에서 자란다. 이들은
몸 안에 물을 저장할 수 있고 이들의 모습은 동물에게서 자신
을 숨길 수 있게 도와준다. 할아버지 선인장(old man
cactus)라 불리는 선인장은 온 몸이 백색의 털로 덮여있다.
이 털은 한낮에는 뜨거운 열기로부터, 밤에는 추위로부터 보
호해준다. 소리를 낼 수 있는 식물도 있다. 동전식물은 바람
이 불면 부드러운 소리를 낸다. 중국 초롱식물과 중국 대나무
도 바람에 소리를 내기도 한다. 중국 대나무는 자라면서 시끄
러운 소리를 낸다. 우리가 사는 세계에는 수많은 기이한 식물
들이 우리와 더불어 살아가고 있다.

문제를 읽고 맞는 답을 고르세요.

1. ④ Many amazing plants
   무엇에 관한 글입니까?
   수많은 기이한 식물들

2. ② It is a meat-eating plant.
   끈끈이주걱에 대한 설명 중 맞는 것은?
   그것은 육식식물이다.

3. ③ It looks like a fly.
   파리지옥에 관한 언급이 아닌 것은?
   파리처럼 생겼다.

4. ③ With its sticky hairs.
   끈끈이주걱은 어떻게 벌레를 잡습니까?
   끈적거리는 털로

5. ② the stapelia
   아프리카 불가사리 꽃으로 알려진 꽃은?
   스타펠리아

Grammar

(TG) 영어 구두법(Punctuation Rules) 중 콤마(Commas)를
쓰는 방법을 배워봅시다.

콤마 삽입 위치

연속해서 나올 단어를 분리할 때	그것들은 줄기, 잎, 뿌리를 가지고 있다.
명사를 부가적으로 설명할 때	스타펠리아는, 아프리카 불가사리 꽃으로 알려져 있어
똑같은 명사를 수식하는 2개의 형용사를 분리할 때	그것들은 덥고, 건조한 지역에서 삽니다.

1. I love to eat fruit such as apples, pears and
   grapes.
   사과, 배, 포도같은 과일을 좋아한다.

2. Roses can be red, yellow and blue.
   장미는 빨강, 노랑 그리고 파랑색도 있다.

3. My sister has got a huge, fluffy teddy bear
   for her birthday.
   여동생은 커다랗고 푹신한 곰인형을 생일 선물로 받았다.

4. Mozart, the greatest composer in history,
   was born in Salzburg.
   역사상 가장 위대한 작곡가인 모차르트는 잘츠부르크에
   서 태어났다.

5. I saw a pretty, tall girl yesterday.
   어제 예쁘고 키가 큰 소녀를 보았다.

Writing

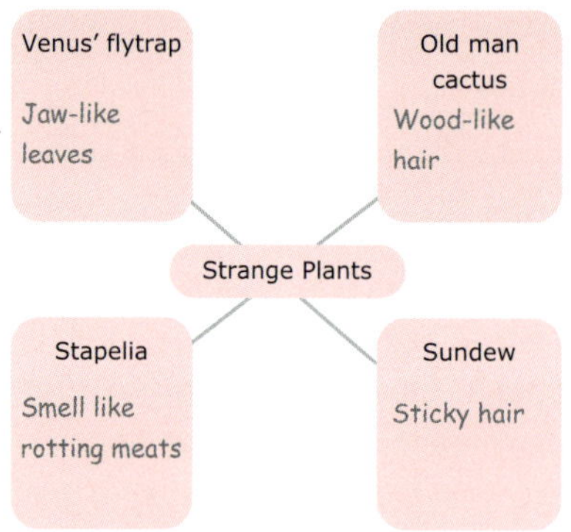

정보를 이용하여 에세이를 써보세요.

There are lots of strange plants in the world.
One of them is the Venus' flytrap. People say
that the Venus' flytrap is a strange plant
because it is a well-known meat-eating plant. It
eats insects, spiders and small animals. Each
trap has sensitive spikes that signal the plant
whenever it is touched. When an insect enters
the trap and triggers, trap quickly closes,
trapping the insect.

세상에는 이상한 식물들이 많습니다. 그 중 하나는 파리지옥
입니다. 사람들은 파리지옥이 기이한 식물이라고 말하는 이유
는 그것이 유명한 육식 식물이기 때문입니다. 그것은 곤충,
거미와 작은 동물들을 먹습니다. 각각의 덫에는 민감한 못 모
양의 잎이 있는데 그것은 닿을 때마다 식물에게 신호를 보냅
니다. 식물이 덫에 들어와서 흔들면 덫은 재빨리 닫고 곤충을
가둡니다.

Speaking

기이한 식물들에 대해 이야기 나누어 보세요.

What are plants?

식물이란 무엇입니까?

🗣 Plants are <u>living things that grow on the earth.</u>
식물은 지구에서 자라는 생명체이다.

🗣 How many parts do plants have?
몇 부분으로 되어 있나요?

🗣 They have <u>three parts.</u>
세 부분으로 되어 있어요.

🗣 Can you name each part of the plant?
각 부분의 이름을 댈 수 있나요?

🗣 Yes. They are <u>stems, leaves, and roots.</u>
네. 그것들은 바로 줄기와 잎 그리고 뿌리입니다.

🗣 Why do people think a sundew is a strange plant?
왜 사람들은 끈끈이주걱을 이상한 식물이라고 생각할까요?

🗣 Because it can <u>eat meat like insects.</u>
왜냐하면 곤충 같은 것을 먹는 육식 식물이거든요.

🗣 How do they catch insects?
어떻게 벌레들을 잡아먹나요?

🗣 They capture insects <u>with their sticky hairs on their surface.</u>
표면에 난 끈적거리는 털로 벌레를 잡아먹어요.

Review

주어진 문장이 맞으면 YES에 동그라미하세요.
주어진 문장이 옳지 않으면 NO에 동그라미하세요.

1. YES
   식물은 줄기, 잎, 뿌리를 가지고 있다.

2. NO
   자이언트 끈끈이주걱은 썩은 고기 냄새가 난다.

3. NO
   할아버지 선인장은 끈적거리는 털을 갖고 있다.

4. YES
   리빙스톤은 건조한 지역에서 자란다.

5. NO
   스타펠리아는 강한 꽃향기로 벌레를 유혹한다.

Act it Out

A plant person

나뭇잎이나 가지들을 이용하여 사람을 만들어 보세요.
나뭇잎 사람은 무엇을 잘 할 수 있을지 생각을 정리해서 영어로 써보세요.

미국 초등학교 교과서로 배우는
English
Running
Advanced
JUMP 3

PREFACE

2009년 4월
D.E.A.R. 연구소 소장 서희정

안녕하세요. D.E.A.R.(Developing English Ability & Research) 연구소장 서희정입니다.

영어를 잘 한다는 것은 영어의 듣기, 읽기, 말하기 그리고 쓰기의 4가지 언어 영역을 골고루 그리고 균형적으로 다 잘하는 것을 뜻합니다. '영어로 말을 잘 했으면…' 하는 바램이 있다면 말하는 활동과 더불어 읽기와 듣기분야에 더 많은 시간을 할애해야 합니다.

다양한 상황에서의 듣기와 다양한 주제의 읽기 활동은 영어를 언어로서 이해하는 힘을 길러줌과 동시에 나아가 영어로 말하고 쓰는 능력까지 키워줍니다. 그러나 그저 읽기를 위한 읽기 활동은 재미도 없고 그 어떤 의미도 제공하지 않기 때문에 선별된 읽기 학습이 반드시 필요합니다.

또한 글이라고 해서 무조건 다 좋은 글은 아닙니다. 어떤 글은 재미는 있으나 영어 능력 배양에 도움이 되지 않는 경우도 있고 또 다른 경우는 지식에는 도움이 되나 너무 어렵고 생소하게 느껴져 아이들 스스로 영어 학습에 대한 동기를 부여 받지 못하는 경우도 있습니다. 따라서 좋은 글이라 하면 아이들의 다양한 호기심과 능력에 따라 영어의 표준이 되는 글감들로 구성되고 다양한 영역에 걸쳐 읽기 활동을 제공하는 글을 일컫습니다.

이 책은 미국 초등학교 교과서의 내용들을 토대로 사회, 과학, 역사의 교과 과정으로 구성되어 있습니다. 물론 이 책으로 공부하는 우리나라 초등 학생들의 언어 학습 환경을 고려하여 듣기와 읽기를 통해 언어 이해 능력을 키우며 또한 말하기와 쓰기를 통해 언어를 제대로 표현할 수 있게 구성되어 있습니다. 한 가지 영역만 잘하는 절름발이 영어가 아니라 영어의 듣고 읽고 말하고 쓰는 4가지 영역이 균형있게 발달할 수 있도록 저희 연구진의 노력을 담아 내었습니다.

더 이상 지식을 위한 영어가 아니라 재미있고 효과적인 영어공부를 통해 대한민국의 모든 초등학생들의 영어 실력이 한층 발전할 수 있기를 기원합니다.

CONTENTS

이 책의 특징 및 활용법

1. 미국 아이들과 같은 교재로 배운다

현재 미국 초등학교에서 쓰고 있는 교과서 내용들을 토대로
History, Social Studies, Science 교과 과정으로 구성하였습니다.

2. Reading, Listening, Speaking, Writing 균형 학습

Reading, Listening을 통해 언어 이해 능력을 키우며, 이를 적절하게
표현할 수 있게 도와주는 Speaking, Writing 활동까지 다룹니다. 영어의 4가지 영역을 균형있게 학습할
수 있습니다.

3. 다양한 읽기 주제 지문 수록

영어 동화에서 벗어나 아이들의 호기심을 만족시킬 만한 다양한 영역의 읽을거리를 제공하여 배경지식 습득
에도 도움이 됩니다.

4. 체계적 수준별 학습

초·중·고급 세 권을 단계적으로 구성하여 본 시리즈만으로 초등학교 저학년부터 예비중학 과정까지 학습
할 수 있습니다. 고급으로 갈수록 지문의 수준과 길이도 늘어나고 Writing과 Speaking에서도 새로운 형식
의 문제를 제공합니다.

Vocabulary

Reading에 나오는 중요하고 어려운 단어들을 미리 공부해 봅니다. 단어의 뜻을 모르더라도 문장에서 추측해서 밑줄 위에 적습니다.

Listening

녹음 파일의 대화를 가벼운 마음으로 들으면서 주제에 관해 생각해 보세요.

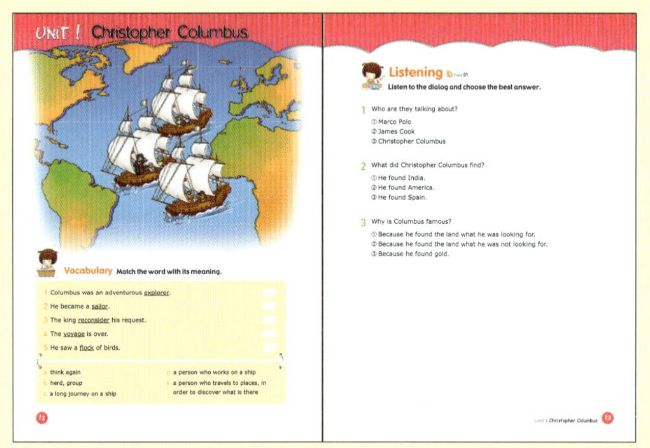

Reading

역사, 사회, 과학 등 다양한 주제를 영어로 습득할 수 있습니다. Reading의 녹음 파일을 귀로 들으면서 읽으면 더욱 빨리 이해할 수 있을 거예요.

왼쪽 페이지에서 읽은 지문에 대한 이해도를 체크해 볼 수 있는 공간으로 문제에 관련된 세부사항은 지문을 다시 한 번 읽으면서 체크해 봅니다.

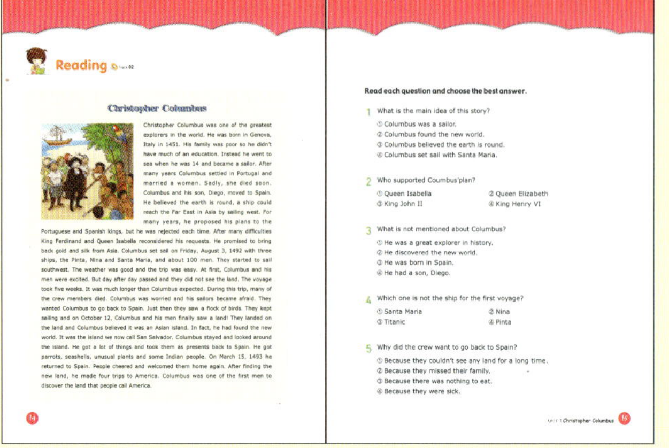

Grammar

Reading 문장에 나온 주요 문법을 박스 안에 설명을 보며 이해하고 문제를 통해 확실하게 익힐 수 있는 기회를 갖습니다.

Writing

질문과 도표 등을 작성해 보면서 그것을 토대로 아래 짧은 에세이를 작성합니다. 에세이에는 정해진 정답이 없으므로 자유롭게 작성합니다.

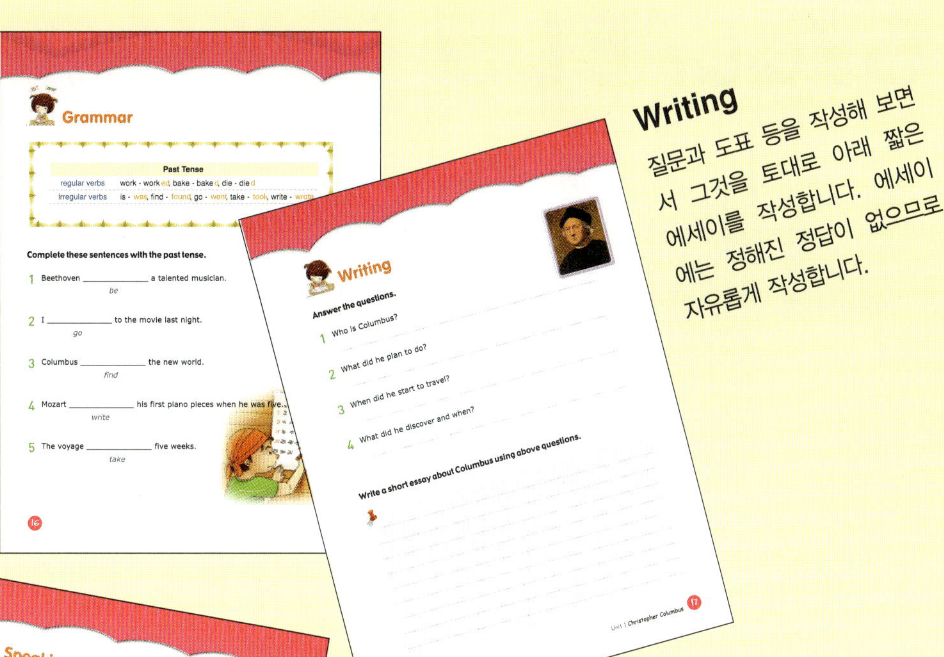

Speaking

본문에서 배운 지문(리스닝, 리딩)에 관해 친구들과 이야기 해 봅니다. 녹음파일을 듣고 대화를 완성한 후 친구들과 역할을 바꿔가며 연습해 봅니다.

Review

각 Unit을 얼마나 잘 이해했는지를 테스트하는 시간입니다. True / False 문제를 풀어보면서 본문에서 배웠던 내용을 떠올려 봅니다.

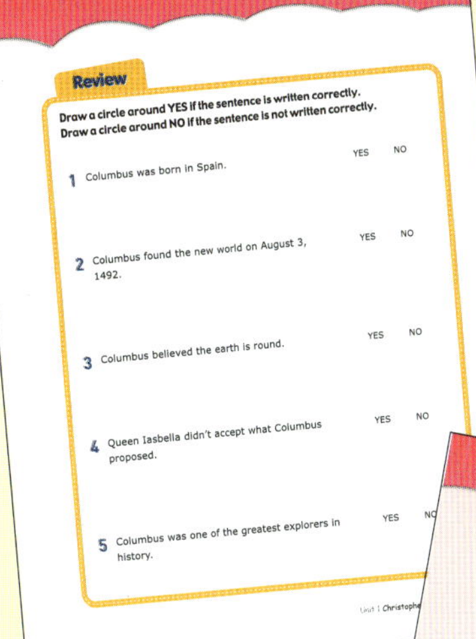

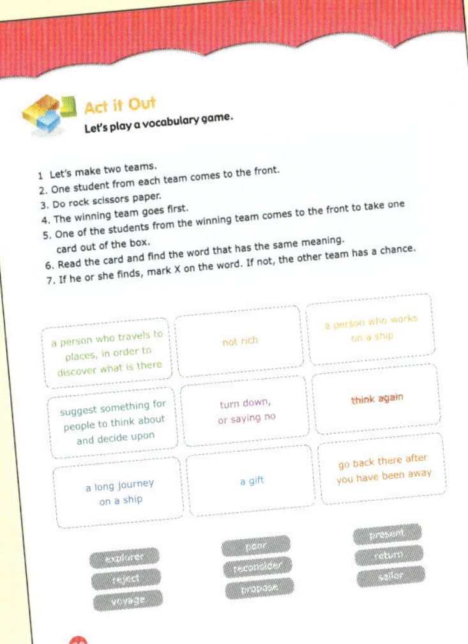

Act it Out

다양한 학습 활동들을 직접 써보거나 만들어 보며 주제를 쉽고 재미있게 기억할 수 있습니다.

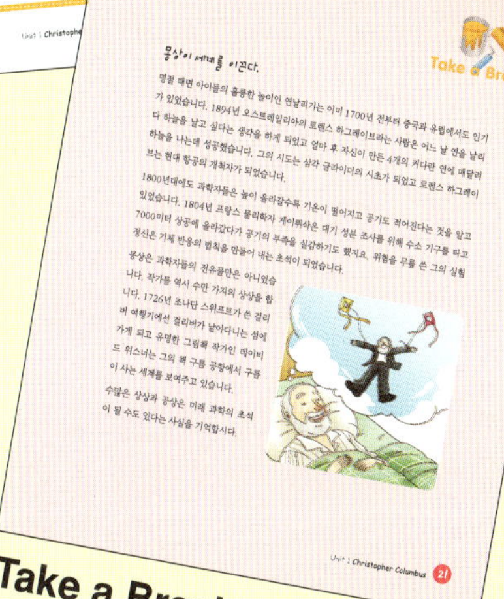

Take a Break

쉬어가는 코너로 각 Unit을 공부하면서 생길 수 있는 궁금증들을 풀어주는 코너입니다. 다른 궁금증이 있으면 직접 인터넷이나 사전을 이용해 검색해보세요.

SYLLABUS

Unit	Vocabulary	Listening	Reading
1. Christopher Columbus	explorer, sailor, reconsider, voyage, flock	Listen to the dialog. (Columbus)	Christopher Columbus
2. Mozart	musician, prodigy, chapel, tremendous, compose	Listen to the dialog. (Mozart)	Wolfgang Amadeus Mozart
3. The Golden Gate Bridge	bridge, landmark, expert, tower, vehicle	Listen to the dialog. (Seven Wonders)	The Golden Gate Bridge
4. Friends Around the World	Artic, harsh, Caribou, shelter, umiak	Listen to the dialog. (Friends Around the World)	The Inuit
5. Police Officers	law, criminal, safety sign, violence, rescue	Listen to the dialog. (Police Officer teaches to the children)	Police Officers
6. Rules	equipment, crowd, distance, buddy, footwear	Listen to the dialog. (Don't forget to wear a helmet.)	Safety Rules
7. Gorillas	sole, fierce, easy-going, extinction, population	Listen to the dialog. (Learn about gorilla in class)	Gorillas
8. Hibernation	climate, hibernate, fat, breathe, den	Listen to the dialog. (Hibernation)	Hibernation
9. Strange Plants	plant, form, trap, insect, protect	Listen to the dialog. (Plants in the botanical garden)	Strange Plants

Grammar	Writing	Speaking	Act it Out
Past Tense is-was, find-found	Answer the questions. Short essay	Talk about Columbus using the following dialogue.	A Vocabulary Game
Regular Verbs Mozart played the musical pieces.	Answer the questions. Short essay	Make a question.	Make a book.
Sequence words first, then, after	Complete the word web. Short essay	Talk about the Golden Gate Bridge.	Design your own birdge.
be made of vs be made from The igloos are made of snow.	Complete the word map. Short essay	Talk about the Inuit.	Make your own igloo.
Verb + to infinitive Police officer try to solve the problems.	Complete the brainstorming web. Short essay	Talk about the community helpers.	Make a uniform.
Should You should wear a helmet when you ride a bike.	Complete the venn diagram. Short essay	Talk about some safety rules.	Make rules.
Comparing with Adjective Females are shorter and lighter than the males.	Complete the word map. Short essay	Talk about gorillas.	Make gorilla's poster.
get They days get shorter and colder.	Make your own notes. Short essay	Talk about the hibernating animals.	Choose the animals who hibernate.
Where to put a comma	Give some information. Short essay	Talk about the strange plants.	A plant person

단계별 교재구성

교재	초급	중급	고급
	English Running JUMP 1 (Basic)	English Running JUMP 2 (Inter-mediate)	English Running JUMP 3 (Advanced)
단 계	Basic	Intermediate	Advanced
대 상	초등 1–2학년	초등 3–4학년	초등5학년–예비중학생
내용 Listening	• Listen one sentence. • Write missing words.	• Listen one paragraph. • Write missing words.	• Listen to the dialogue. • Multiple-choice questions
Reading	Passages of about 100 words	Passages of about 200 words	Passages of about 300 words
Writing	• Unscramble the sentence.	• Writing cloze • Answer the question.	• Short Essay
Speaking	• Talk about the questions.	• Talk about the questions. • Make questions • Complete the conversation	• Complete the word web. • Complete the brainstorming web. • Short essay
부속 교재	각 권 CD, 해설		

*mp3 파일은 출판사 홈페이지(www.bansok.co.kr)의 자료실에서 다운 받으실 수 있습니다.

학습 계획표

	Day 1	Day 2	Day 3	DAY 4	DAY 5
Week 1 / Unit 1	Vocabulary Listening	Reading	Grammar Writing	Speaking Review	Act it Out
Check	✓				
Week 2 / Unit 2	Vocabulary Listening	Reading	Grammar Writing	Speaking Review	Act it Out
Check					
Week 3 / Unit 3	Vocabulary Listening	Reading	Grammar Writing	Speaking Review	Act it Out
Check					
Week 4 / Unit 4	Vocabulary Listening	Reading	Writing Writing	Speaking Review	Act it Out
Check					
Week 5 / Unit 5	Vocabulary Listening	Reading	Grammar Writing	Speaking Review	Act it Out
Check					
Week 6 / Unit 6	Vocabulary Listening	Reading	Grammar Writing	Speaking Review	Act it Out
Check					
Week 7 / Unit 7	Vocabulary Listening	Reading	Grammar Writing	Speaking Review	Act it Out
Check					
Week 8 / Unit 8	Vocabulary Listening	Reading	Grammar Writing	Speaking Review	Act it Out
Check					
Week 9 / Unit 9	Vocabulary Listening	Reading	Grammar Writing	Speaking Review	Act it Out
Check					

UNIT 1 Christopher Columbus

Vocabulary Match the word with its meaning.

1 Columbus was an adventurous <u>explorer</u>.

2 He became a <u>sailor</u>.

3 The king <u>reconsider</u> his request.

4 The <u>voyage</u> is over.

5 He saw a <u>flock</u> of birds.

a. think again

b. herd, group

c. a long journey on a ship

d. a person who works on a ship

e. a person who travels to places, in order to discover what is there

Listening · Track 01

Listen to the dialog and choose the best answer.

1 Who are they talking about?

① Marco Polo
② James Cook
③ Christopher Columbus

2 What did Christopher Columbus find?

① He found India.
② He found America.
③ He found Spain.

3 Why is Columbus famous?

① Because he found the land what he was looking for.
② Because he found the land what he was not looking for.
③ Because he found gold.

Christopher Columbus

Christopher Columbus was one of the greatest explorers in the world. He was born in Genova, Italy in 1451. His family was poor so he didn't have much of an education. Instead he went to sea when he was 14 and became a sailor. After many years Columbus settled in Portugal and married a woman. Sadly, she died soon. Columbus and his son, Diego, moved to Spain. He believed the earth is round, a ship could reach the Far East in Asia by sailing west. For many years, he proposed his plans to the Portuguese and Spanish kings, but he was rejected each time. After many difficulties King Ferdinand and Queen Isabella reconsidered his requests. He promised to bring back gold and silk from Asia. Columbus set sail on Friday, August 3, 1492 with three ships, the Pinta, Nina, and Santa Maria, and about 100 men. They started to sail southwest. The weather was good and the trip was easy. At first, Columbus and his men were excited. But day after day passed and they did not see the land. The voyage took five weeks. It was much longer than Columbus expected. During this trip, many of the crew members died. Columbus was worried and his sailors became afraid. They wanted Columbus to go back to Spain. Just then they saw a flock of birds. They kept sailing and on October 12, Columbus and his men finally saw a land! They landed on the land and Columbus believed it was an Asian island. In fact, he had found the new world. It was the island we now call San Salvador. Columbus stayed and looked around the island. He got a lot of things and took them as presents back to Spain. He got parrots, seashells, unusual plants and some Indian people. On March 15, 1493 he returned to Spain. People cheered and welcomed them home again. After finding the new land, he made four trips to America. Columbus was one of the first men to discover the land that people call America.

Read each question and choose the best answer.

1 What is the main idea of this story?

① Columbus was a sailor.
② Columbus found the new world.
③ Columbus believed the earth is round.
④ Columbus set sail with Santa Maria.

2 Who supported Coumbus' plan?

① Queen Isabella   ② Queen Elizabeth
③ King John II   ④ King Henry VI

3 What is not mentioned about Columbus?

① He was a great explorer in history.
② He discovered the new world.
③ He was born in Spain.
④ He had a son, Diego.

4 Which one is not the ship for the first voyage?

① Santa Maria   ② Nina
③ Titanic   ④ Pinta

5 Why did the crew want to go back to Spain?

① Because they couldn't see any land for a long time.
② Because they missed their family.
③ Because there was nothing to eat.
④ Because they were sick.

Grammar

<table>
<tr><td colspan="2" align="center">Past Tense</td></tr>
<tr><td>regular verbs</td><td>work - worked, bake - baked, die - died</td></tr>
<tr><td>irregular verbs</td><td>is - was, find - found, go - went, take - took, write - wrote</td></tr>
</table>

Complete these sentences with the past tense.

1 Beethoven _________________ a talented musician.
be

2 I _______________ to the movie last night.
go

3 Columbus ________________ the new world.
find

4 Mozart ________________ his first piano pieces when he was five.
write

5 The voyage ________________ three weeks.
take

Writing

Answer the questions.

1 Who is Columbus?

....

2 What did he plan to do?

....

3 When did he start to travel?

....

4 What did he discover and when?

....

Write a short essay about Columbus using above questions.

....

....

....

....

....

....

....

Speaking

Track **03**

Talk about Columbus using the following dialogue.

The man in the picture is Christopher Columbus. Have you read a biography about him?

I know his name. Actually, I don't like to read biographies.

How do you know him?

I watched the program about Columbus on TV.

A-ha! I read a biography about him yesterday.

Then tell me about him.

Sure! He discovered America in 1492.

Draw a circle around YES if the sentence is written correctly.
Draw a circle around NO if the sentence is not written correctly.

1 Columbus was born in Spain.   YES   NO

2 Columbus found the new world on August 3, 1492.   YES   NO

3 Columbus believed the earth is round.   YES   NO

4 Queen Iasbella didn't accept what Columbus proposed.   YES   NO

5 Columbus was one of the greatest explorers in history.   YES   NO

Act it Out

Let's play a vocabulary game.

1 Let's make two teams.
2. One student from each team comes to the front.
3. Do rock scissors paper.
4. The winning team goes first.
5. One of the students from the winning team comes to the front to take one card out of the box.
6. Read the card and find the word that has the same meaning.
7. If he or she finds, mark X on the word. If not, the other team has a chance.

a person who travels to places, in order to discover what is there	not rich	a person who works on a ship
suggest something for people to think about and decide upon	turn down, or saying no	think again
a long journey on a ship	a gift	go back there after you have been away

explorer	poor	present
reject	reconsider	return
voyage	propose	sailor

몽상이 세계를 이끈다.

명절 때면 아이들의 훌륭한 놀이인 연날리기는 이미 1700년 전부터 중국과 유럽에서도 인기가 있었습니다. 1894년 오스트레일리아의 로렌스 하그레이브라는 사람은 어느 날 연을 날리다 하늘을 날고 싶다는 생각을 하게 되었고 얼마 후 자신이 만든 4개의 커다란 연에 매달려 하늘을 나는데 성공했습니다. 그의 시도는 삼각 글라이더의 시초가 되었고 로렌스 하그레이브는 현대 항공의 개척자가 되었습니다.

1800년대에도 과학자들은 높이 올라갈수록 기온이 떨어지고 공기도 적어진다는 것을 알고 있었습니다. 1804년 프랑스 물리학자 게이뤼삭은 대기 성분 조사를 위해 수소 기구를 타고 7000미터 상공에 올라갔다가 공기의 부족을 실감하기도 했지요. 위험을 무릅 쓴 그의 실험 정신은 기체 반응의 법칙을 만들어 내는 초석이 되었습니다.

몽상은 과학자들의 전유물만은 아니었습니다. 작가들 역시 수만 가지의 상상을 합니다. 1726년 조나단 스위프트가 쓴 걸리버 여행기에선 걸리버가 날아다니는 섬에 가게 되고 유명한 그림책 작가인 데이비드 위스너는 그의 책 구름 공항에서 구름이 사는 세계를 보여주고 있습니다.

수많은 상상과 공상은 미래 과학의 초석이 될 수도 있다는 사실을 기억합시다.

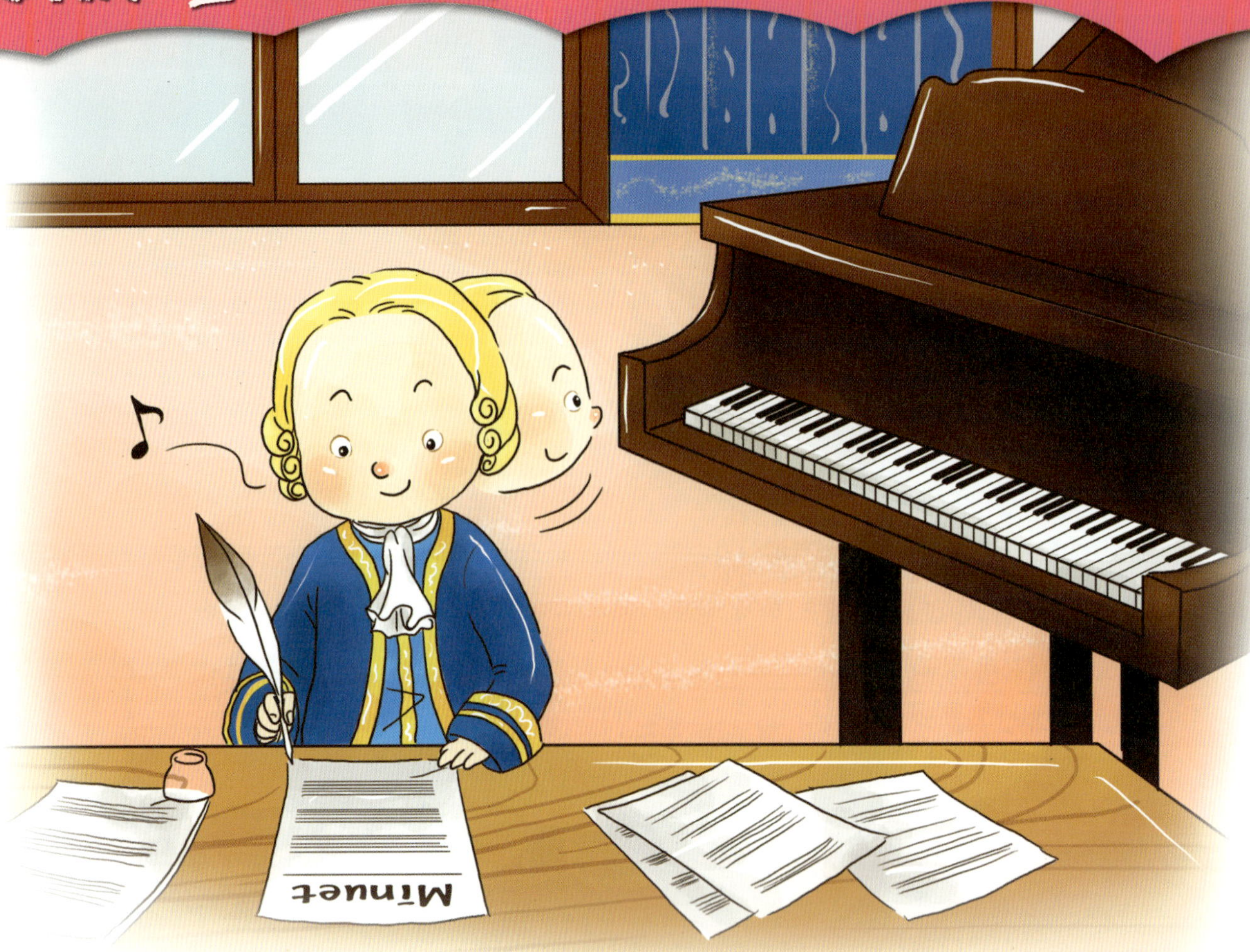

 **Vocabulary** **Match the word with its meaning.**

1 His father is a <u>musician</u>.

2 He was a child <u>prodigy</u>.

3 On Sundays, they went to <u>chapel</u>.

4 The opera was <u>tremendous</u>.

5 He <u>composed</u> a very fine concertos.

a. young person who has a great natural ability

b. very good or very impressive

c. church or cathedral

d. write music

e. a person who plays a musical instrument as their job or hobby

Listening Track 04

Listen to the dialog and choose the best answer.

1 Who is in the conversation?

① mom and dad
② mom and son
③ mom and daughter

2 Who are they talking about?

① They are talking about the painter.
② They are talking about the inventor.
③ They are talking about the composer.

3 Who is the composer?

① Mozart
② Haydn
③ Chopin

Reading 🔵 Track **05**

Wolfgang Amadeus Mozart

Wolfgang Amadeus Mozart, an Austrian musician and composer, was a child prodigy.

He was born in Salzburg, Austria in 1756. His father Leopold Mozart was a famous violinist. Mozart had a sister named Maria Anna, but his family called her Nannerl. When Mozart was three and his sister was eight, his father Leopold brought them to the chapel. Leopold Mozart wanted to teach his daughter to play the piano. To their amazement, little Mozart came up to the piano and played the musical pieces that his sister was practicing. He played without making any mistakes. This little boy was a musical genius. After that, he wrote his first little piano pieces when he was five. He also wrote symphonies at the age of nine and he wrote his first opera when he was twelve. He toured all around Europe with his father and his sister. He played for emperors, for kings and queens. Wolfgang's fame grew and he also grew to be a very charming young man. But unfortunately, his adult life was not easy. During his lifetime, Wolfgang Amadeus Mozart was very poor. He spent money faster than he could earn it. He was often ill. In 1791 Mozart wrote one of his most famous operas, The Magic Flute. For some reason, the first performance was not successful. He was so sad and became ill. But just after a few days, the opera had tremendous success. At the end of 1791, Wolfgang Amadeus Mozart died. He was only thirty five. For his entire life he composed in all different musical forms, including operas, symphonies, concertos, masses, and chamber music. Mozart was the greatest musician who ever lived. Today his music is still played and loved. You can hear his music everywhere. Mozart is gone, but his music will live forever.

Read each question and choose the best answer.

1 What is the story about?

① The greatest musician in history
② The greatest painter in history
③ The greatest writer in history
④ The greatest pianist in history

2 Choose the wrong statement about Mozart's father.

① He was a famous violinist in Salzburg.
② He toured all around Europe with his children.
③ He didn't want to teach music to his children.
④ He called his daughter Nannerl.

3 Which is not mentioned about Mozart?

① He was born in Salzburg.
② He was a rich musician.
③ He was a musical genius.
④ He was a famous composer.

4 Which musical forms did he not compose?

① symphonies
② chamber music
③ concertos
④ jazz

5 Why did people call Mozart a genius?

① Because he could play a song by hearing it once.
② Because he played the piano without practicing.
③ Because he composed many songs.
④ Because his works are very popular.

Grammar

<table>
<tr><td colspan="2">Regular Verbs</td></tr>
<tr><td>Simple Present</td><td>I play the piano every day.</td></tr>
<tr><td>Simple Past</td><td>Mozart played the musical pieces.</td></tr>
</table>

Circle around the correct form of each verb.

1 Mozart **play / played** for kings and queens.

2 Mozart **compose / composed** many famous operas.

3 I **walk / walked** to the library last Saturday.

4 We **talk / talked** about Mozart yesterday.

5 Mom **cleans / cleaned** the house every day.

Writing

Answer the questions.

1 What kind of music do you like?

> classical music / jazz / rock music / popular music

2 Who is your favorite musician?

3 What are some of his/her songs?

4 What is your favorite song of him/her?

5 Why do you like the song?

6 How do you feel when you listen to the song?

Write a short essay about your favorite musician.

Speaking 🔘 Track 06

Make each question and choose the answer from the box.

1 you / Mozart / know / Do / ?

Do you know Mozart?

2 Was / American / he / ?

3 he / famous / was / ?

4 compose / forms / What / kind / of / musical / did / he / ?

5 Mozart / did / Why / people / a genius / call / ?

_____ No, he wasn't. He was born in Austria.
_____ He composed symphonies, chamber music and concertos.
_____ Yes, he was. He was a child prodigy.
_____ Because he could play a song by hearing it once.
_1_ Yes, I do. He was a great musician.

Draw a circle around YES if the sentence is written correctly.
Draw a circle around NO if the sentence is not written correctly.

1 Mozart was a child prodigy.　　　　　　　　　　YES　　NO

2 Mozart's sister was called Nannerl by her friends.　　YES　　NO

3 Mozart composed his first opera when he was five.　　YES　　NO

4 Mozart played music for the royal family.　　　　YES　　NO

5 Mozart was one of the greatest musicians in
history.　　　　　　　　　　　　　　　　　　YES　　NO

Act it Out

Let's make a book like a robot about Mozart.

Write 8 different short sentences that shows Mozart's life. and
make a book like a roboat.

1. Fold A4 into eight equal section as shown.

A	B	C	D
E	F	G	H

2. Cut out sections E and H. Save these for arm pieces.

3. Fold sections A and D toward the center to make a vest or jacket.

4. Glue on the arms as shown.

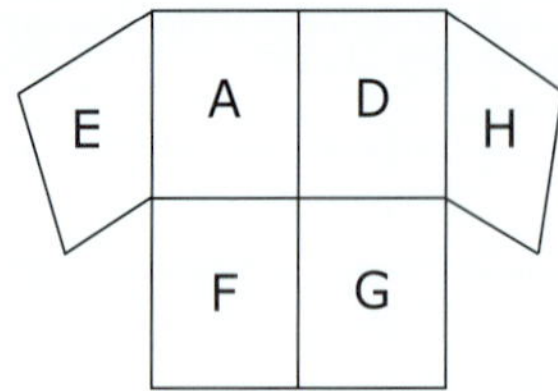

5. Cut a head from the paper. Glue it to the top of section B and C.

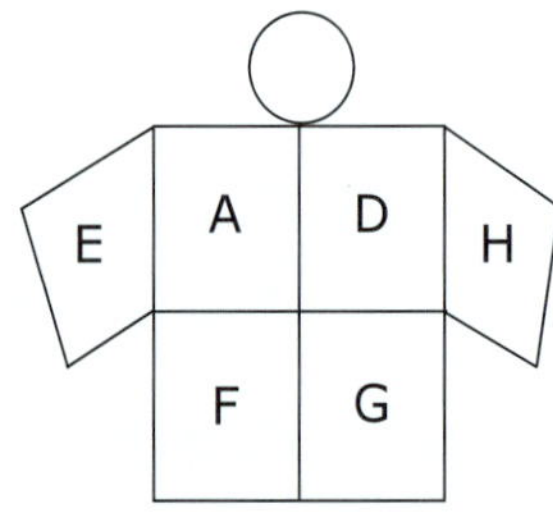

6. Draw a face. Color it.

7. Staple the story pages.

모차르트 레퀴엠

어린 시절에 비해 어른이 된 모차르트의 생활은 그리 부유하지 못했습니다. 늘 가난에 쪼들려야 했고 병도 들었습니다. 궁정작가라는 칭호는 명예일 뿐 금전적 도움은 되지 못했습니다. 그러던 그에게 1791년 어느 날 회색 옷을 입은 키 크고 마른 한 중년의 신사가 찾아옵니다. 그는 모차르트에게 진혼미사곡(레퀴엠)을 작곡해 줄 것을 부탁합니다. 그러나 정작 부탁받은 진혼미사곡이 누구를 위한 것인지는 알려 주지 않았습니다.

그 당시 오페라 마적을 마무리 하고 있던 터라 레퀴엠의 완성은 생각보다 늦어졌고 그러는 가운데 모차르트의 건강 또한 악화되어 갔습니다. 마침내 자리에 들어 눕게 된 모차르트는 같은 해인 1791년 12월 5일에 숨을 거두고 맙니다.

죽기 직전에 그는 그의 제자에게 레퀴엠의 완성을 부탁하였는데 결국 모차르트가 어느 신사로부터 부탁받은 레퀴엠이 결국 모차르트 자신을 위한 진혼 미사곡이 되었습니다.

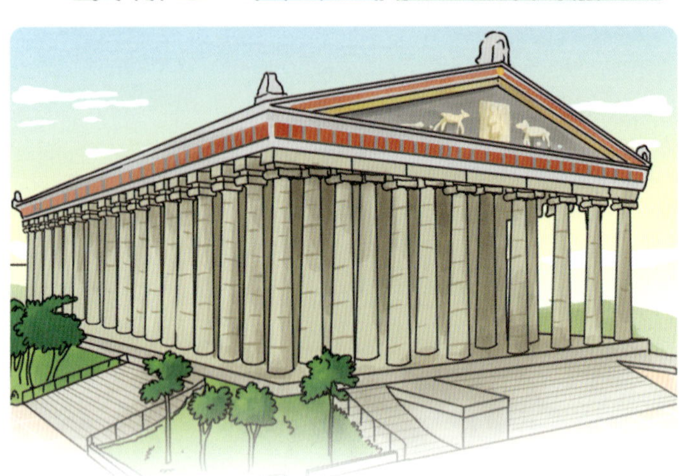

Vocabulary   Match the word with its meaning.

1 <u>Bridge</u> goes across the waterway.

2 It is a city <u>landmark</u>.

3 The <u>expert</u> thought it was difficult.

4 The cable hang between the <u>towers</u>.

5 <u>Vehicles</u> have crossed the bridge.

a. a structure that spans a river

b. a tall narrow structure

c. a machine such as a car, bus, or truck

d. a building which is easily notice

e. a person who knows a lot about a particular subject

Listening · Track **07**

Listen to the dialog and choose the best answer.

1 What are they talking about?

① Wonders of the world
② Natural wonders
③ World treasure

2 How long did it take to make the Temple of Artemis?

① about 50 years
② about 100 years
③ about 120 years

3 Where is The Grand Canyon located?

① It is located in Paris.
② It is located in Arizona.
③ It is located in Beijing

The Golden Gate Bridge

If you travel to the west coast of the United States, you will find the Golden Gate Bridge in San Francisco. It is one of the most recognizable landmarks in the world. The bridge goes across the waterway between San Francisco Bay and the Pacific Ocean. After 65 years of planning, construction on the Golden Gate Bridge started in 1933 under the guidance of famous engineer Joseph Strauss. Many experts thought that there were serious problems. Winds and ocean currents would make it impossible to build. It took, however, four years to complete the bridge. The bridge was built in stages. Two tall towers were built first. Then, strong cables were hung between the two towers. Then next step was to attach the end of the cables to heavy anchor points on the ground. Finally, stringers, which are small cables, hang down and hold the deck in place. To build a base for the tower, workers need to work underwater. Then, they worked on the towers about 740 feet above the water. The men worked in danger. In fact, 11 men fell off and died while they were working on the bridge. In 1937 the

Golden Gate Bridge first opened. People cheered and walked almost a mile with joy. The cars could cross the next day. Since then, almost 1.5 billion vehicles have crossed the bridge. It is also designed to survive a major earthquake. For now, everything remains the same on the Golden Gate Bridge. Every day cars rush to the city and tourists cross over the bridge. The Golden Gate Bridge is one of the most famous landmarks. It has been called one of the Modern Seven Wonders of the World since it was built.

Read each question and choose the best answer.

1　What is the main idea of this story?

　① Location of the Golden Gate Bridge
　② The Golden Gate Bridge started to build in 1933.
　③ How to build the Golden Gate Bridge
　④ Joseph Strauss designed the Golden Gate Bridge

2　Where is the Golden Gate Bridge?

　① in New York　　　　　② in San Francisco
　③ in San Diego　　　　 ④ in Las Vegas

3　How long did it take to build the Golden Gate Bridge?

　① about 3 years　　　　② about 4 years
　③ about 5 years　　　　④ about 6 years

4　Which is not true about the Golden Gate Bridge?

　① In 1933 the Golden Gate Bridge first opened.
　② It is one of the Modern Seven Wonders of the World.
　③ At first, many experts thought that there were serious problems to build it.
　④ It is the most recognizable landmark in the world.

5　Why did people think it is impossible to build the Golden Gate Bridge?

　① Because of distance between San Francisco Bay and the Pacific Ocean
　② Because the water is too deep.
　③ Because nobody wanted to work it.
　④ Because of winds and ocean currents

Grammar

Sequence words	
a sequence of actions	first of all, then, after, next, last, finally
a sequence of reasons	first, second, third

Complete each sentence using the proper word from the box.

How to make a cup of tea

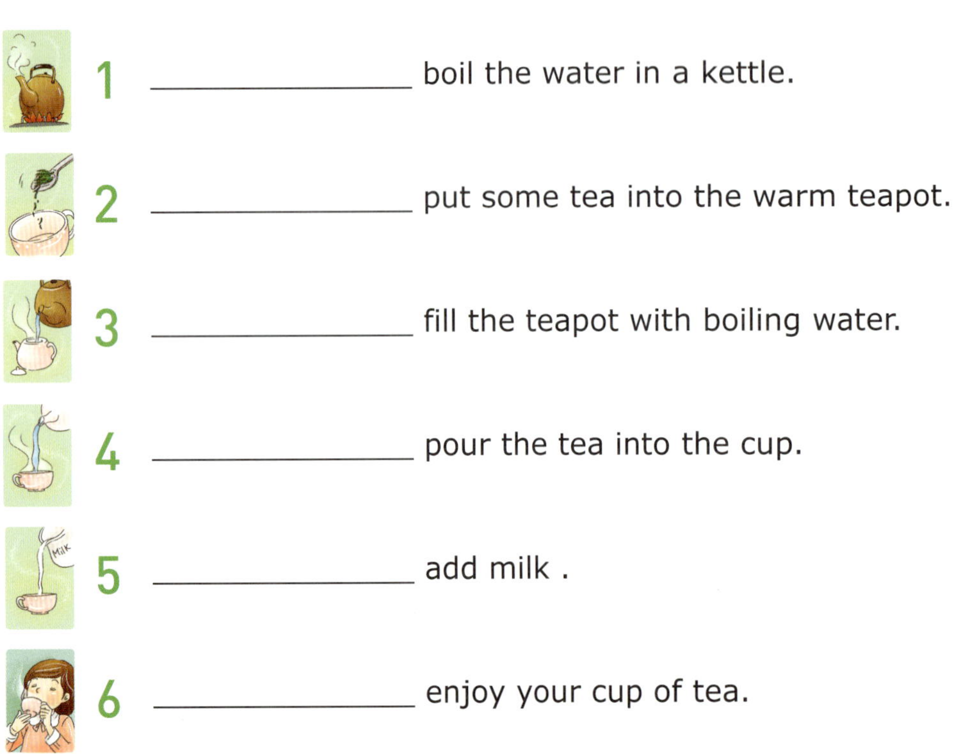

1 _____________ boil the water in a kettle.

2 _____________ put some tea into the warm teapot.

3 _____________ fill the teapot with boiling water.

4 _____________ pour the tea into the cup.

5 _____________ add milk .

6 _____________ enjoy your cup of tea.

after that / first of all / finally / next / now / then

# Writing

Complete the word web.


```
                    name of the country
                   ..........................
                              |
              ┌───────────────────────────────┐
              │      Places I want to visit    │
              │   .........................    │
              └───────────────────────────────┘
                   ╱                     ╲
        name of the city            interesting sights
     ......................       ......................
```

- Which city will you go to first?   ....
- What do you want to see there?   ....
- Why do you want to go there?   ....

Write a short essay about places you want to visit.

....

....

....

....

....

....

....

Speaking 🔊 Track **09**

Talk about the Golden Gate Bridge with your friends.

1 Do you know the name of this bridge?

Yes. It is the ....

2 Where is it located?

It is located in ....

3 When did they start building it?

They started building it in ....

4 How long did it take to complete?

It took about ....

5 When did it first open?

It opened ....

1933
San Francisco, USA
4 years
in 1937
Golden Gate Bridge

Draw a circle around YES if the sentence is written correctly.
Draw a circle around No if the sentence is not written correctly.

1 The Golden Gate Bridge is one of the Modern Seven Wonders of the world.   YES   NO

2 The Golden Gate Bridge is located in New York.   YES   NO

3 The Golden Gate Bridge is designed to survive a major earthquake.   YES   NO

4 The Golden Gate Bridge opened in 1937.   YES   NO

5 It took five years to complete The Golden Gate Bridge.   YES   NO

Act it Out

Design your own Bridge.

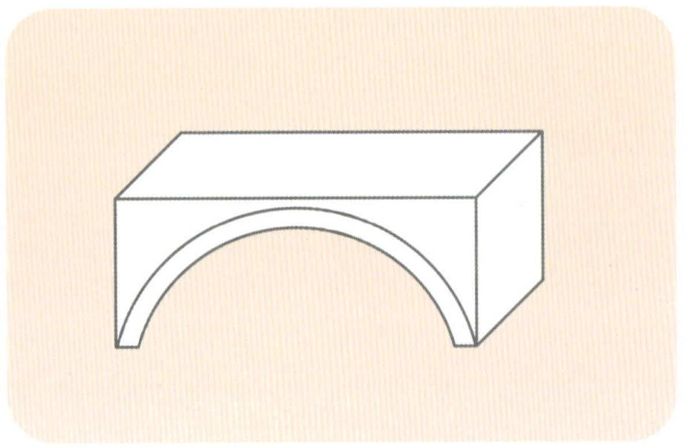

Arch bridge

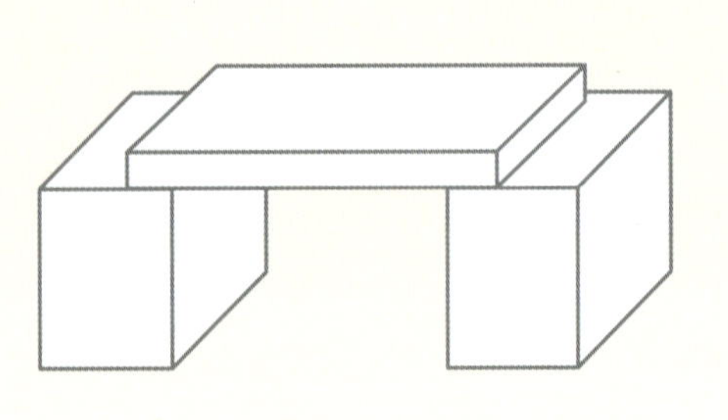

Beam bridge

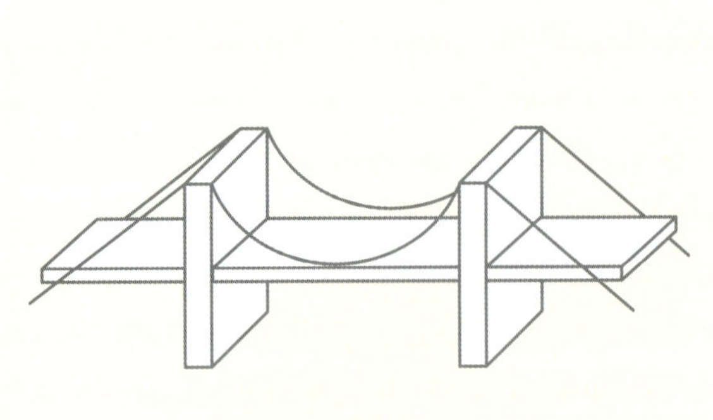

Suspension bridge

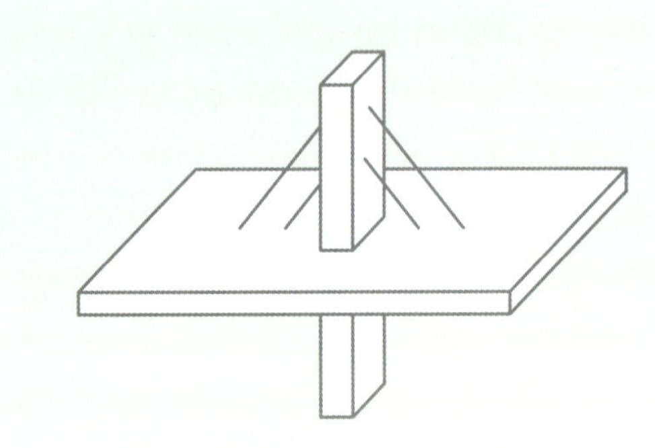

Cable-stayed bridge

1. Let's design your own bridge.

2. When you design, you can use 4 types of bridge.

3. After you finish, you tell the class what the good things about your bridge.

고대의 건축 기술

세계 불가사의중의 하나인 피라미드는 이집트 농민들의 손에 의해 만들어 졌습니다. 이집트 왕의 무덤을 만들기 위해 수만 명이 동원되어야 했던 엄청난 큰 공사였습니다. 바퀴가 없었던 시대에 커다란 돌을 나르기 위해 통나무를 이용해 사람의 팔로 끌어 건축 현장까지 옮겨 놓았다고 합니다.

반면 중세 시대에 많이 지어졌던 성당을 건축할 때는 도르래를 이용했다고 합니다. 도르래는 사람의 힘으로는 들 수 없는 것들을 쉽게 들어 올릴 수 있게 고안된 장치로서 우리나라에서는 화성을 짓는데 사용되기도 했습니다.

강철로 건축물을 짓기 이전엔 꽤 오래 동안 벽돌, 돌, 나무나 철 등이 주 건축 재료였습니다. 그러다 19세기 탄소와 철의 합금인 강철의 탄생으로 전보다 훨씬 튼튼한 건물을 지을 수 있게 되었는데 1889년에 세워진 프랑스 에펠탑은 강철로 만들어진 대표적인 건축물입니다.

현대 사회에서 가장 많이 쓰이는 건축 재료는 철근 콘크리트로서 단단한 콘크리트 속에 철근을 넣은 것으로 매우 단단할 뿐 아니라 부피도 작아졌지요. 오늘날 짓는 대부분의 건축물은 이런 콘크리트와 강철로 만들어지고 있습니다.

UNIT 4 Friends Around the World

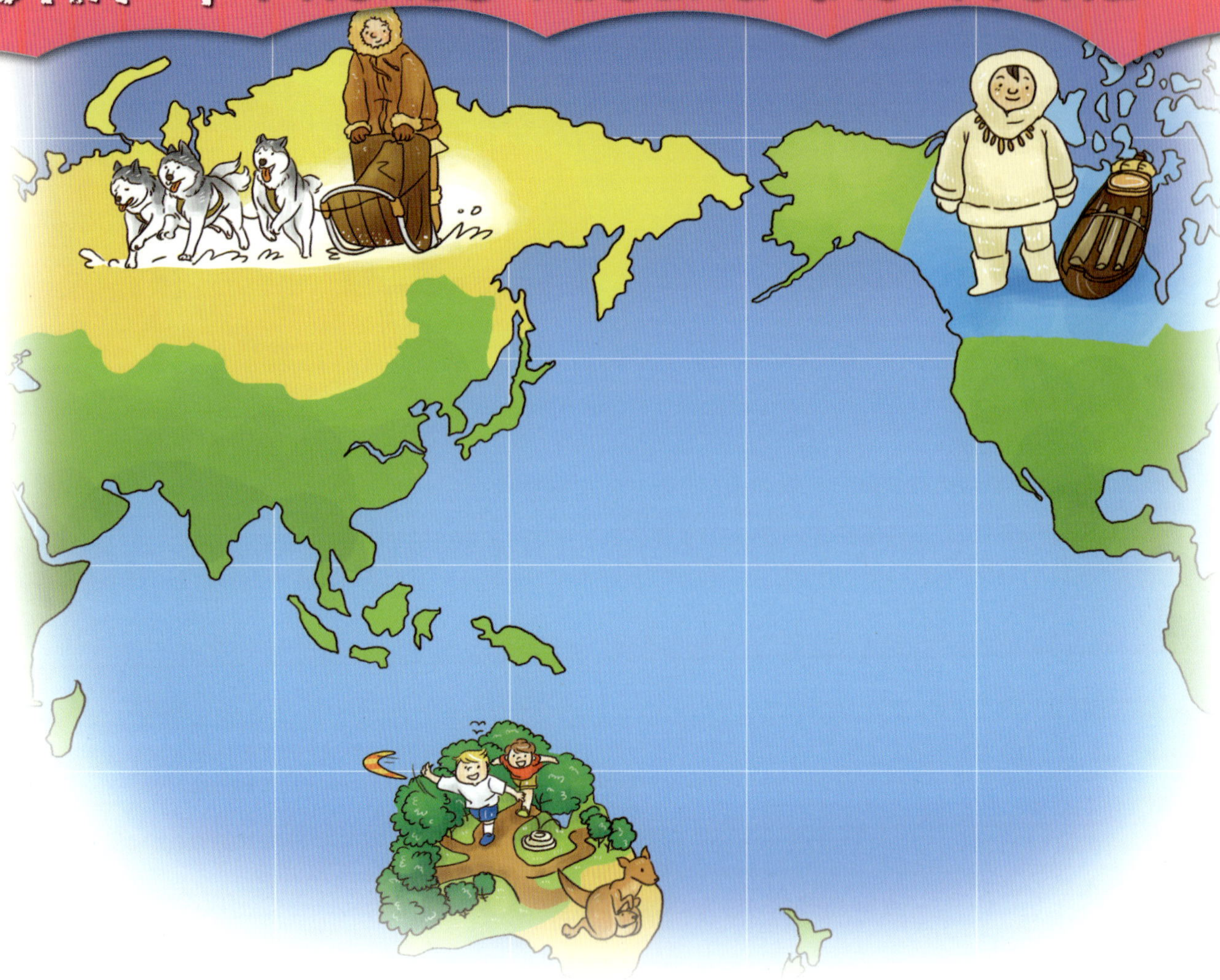

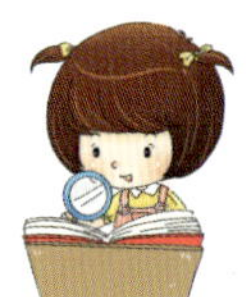

Vocabulary Match the word with its meaning.

1 There are people living in the Arctic.

2 The weather is harsh in this land.

3 Caribou are also hunted for food.

4 Igloos are the shelter of the Inuit.

5 Eskimos made umiaks to carry the loads.

a. difficult to live, severe

b. Eskimo's boats

c. the area round the North Pole

d. a large north American deer

e. a small house for protecting people

 Listening   Track **10**

Listen to the dialog and choose the best answer.

1 How many people are talking?

① three
② four
③ five

2 Where is Alice from?

① She is Russian.
② She is Canadian
③ She is Australian

3 What do you call the people who live in cold places and hunt for food?

① Inuit People
② Aboriginal
③ Indian

The Inuit

Land The Inuit live in the Arctic, north of Canada, Alaska and Greenland. The places where the Inuit live are cold and harsh. The weather is long and cold during the winter and short and cool during the summer. There is a lot of snow and the snow doesn't melt till spring comes. When winter storms come, the Inuit stay inside their houses for days at a time.

Inuit Food The Inuit people usually hunt for food. Fish, sea mammals and a few land mammals are their food. Seals are popular animals that the Inuit hunt during the winter. Caribou are also hunted for food. Their skins are used for clothing and antlers are used for tools. Sometimes they also eat plants and snacks, too.

Inuit Clothing The Inuit have a variety of clothing. They prefer the fur of the caribou, seals, or bears. Because of the cold weather, they have to wear a coat, trousers, stockings, shoes or boots. Boots are waterproof to protect their feet from the icy cold water.

Family and Work In their family, men and women do different things. Women prepare the food and make the clothing while men hunt and build their houses.

Houses The Inuit have shelters that are called igloos. All igloos are not made of snow. The Alaskan Inuit live in cabins, that are made of wood. To make an igloo, they cut hard packed snow into blocks with a long knife. They stay in igloos during the winter and have to move into tents made of animals skins when summer arrives.

Transportation The Inuit use kayaks, umiaks, snowshoes and dogsleds to travel around. The kayak is a boat that is covered in seal skins. It is usually used for hunting. They also use the umiak to carry large loads. It is a bigger and more open boat than a kayak. The best known transportation is a dogsled. Six or so huskies pull the dogsled.

Read each question and choose the best answer.

1 What is the main idea of the story about?

① Where the Inuit live   ② How the Inuit built igloos
③ The lifestyle of the Inuit   ④ How the Inuit get foods

2 Where do the Inuit live?

① In Europe   ② In Greenland
③ In Africa   ④ In Asia

3 What kind of animals do the Inuit usually hunt?

① They usually hunt seals.
② They usually hunt land mammals.
③ They usually hunt sharks.
④ They usually hunt bears.

4 Which of the following is not true about the Inuit Clothing?

① Caribou's skin are used for clothing.
② The Inuit wear the fur of animals in winter.
③ The Inuit have to wear boots in the cold weather.
④ The Inuit like to wear sandals.

5 Which is not mentioned about the Inuit's houses?

① Igloos are the shelters of the Inuit.
② The Inuit also stay in igloos during the summer.
③ Most of igloos are made of snow.
④ The Alskan Inuit live in the cabin.

Grammar

<table>
<tr><td colspan="2">be made of vs be made from</td></tr>
<tr><td>be made of</td><td>The igloos are made of snow.</td></tr>
<tr><td>be made from</td><td>Wind is made from grapes.</td></tr>
</table>

Complete the sentences with the corret preposition.

1 This table is made ________________ woods.

2 Cheese are made ________________ milk.

3 This ring is made ________________ gold.

4 The bowl is made ________________ glass.

5 Most paper is made ________________ pine trees.

Writing

Complete the word map about the Inuit.

Who are they?

Where do they live?

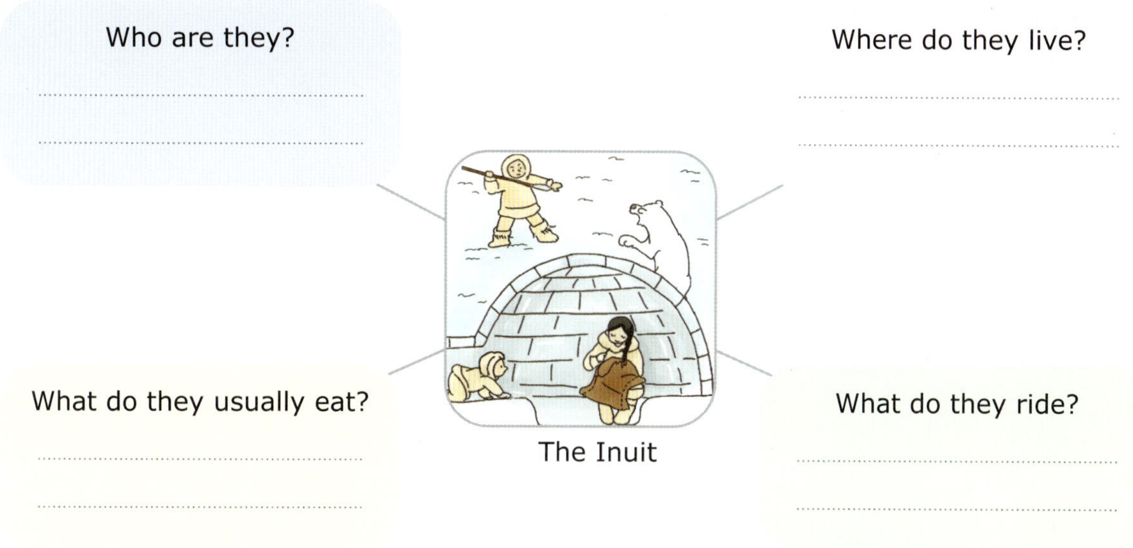

The Inuit

What do they usually eat?

What do they ride?

Write an essay about the lifestyle of Inuit using the word map.

Speaking 🎵 Track 12

Talk about the Inuit.

Reporter: Where do Inuit live?

Inuit: They live in the Arctic, north of Canada, Alaska and Greenland.

Reporter: How is the weather where they live?

Inuit: It is very cold and harsh.

Reporter: How do they get food?

Inuit: They usually ________________________ .

Reporter: What are the roles for women?

Inuit: They ________________________ ,
while men hunt and build their houses.

Reporter: What do the Inuit use to travel?

Inuit: They use ________________________
to travel around.

Draw a circle around YES if the sentence is written correctly.
Draw a circle around No if the sentence is not written correctly.

1 The Inuit live in Alaska and China. YES NO

2 They usually go hunting to get food. YES NO

3 They have to wear warm clothing because of the cold weather. YES NO

4 All igloos are made of snow. YES NO

5 They use kayaks for hunting. YES NO

Act it Out

Make your own igloo.

What's inside of your igloo?

1. What color is your igloo?

----

2. Is it big?

----

3. What is it made of?

----

4. What's inside of your igloo?

뉴질랜드의 마오리족

뉴질랜드의 원주민인 마오리(Maori) 족은 대략 1,000년 전에 폴리네시아(Polynesia)로부터 머나먼 항해로 건너와 뉴질랜드에 정착했습니다.

18세기 경 유럽인들이 뉴질랜드로 이주를 오기 시작했을 때만 해도 마오리족은 25만 명 정도였습니다. 유럽인들의 이주로 여러 가지 질병과 전쟁으로 많은 마오리들이 목숨을 잃었고 4만 명 정도의 마오리만 남게 되었습니다.

자신들의 언어와 풍부한 문화적 유산을 잃지 않기 위해 각고의 노력을 한 결과 오늘날 마오리의 수는 다시 늘고 있으며 뉴질랜드의 대표적인 상징이며 문화 상품이 되었습니다.

UNIT 5 Police Officers

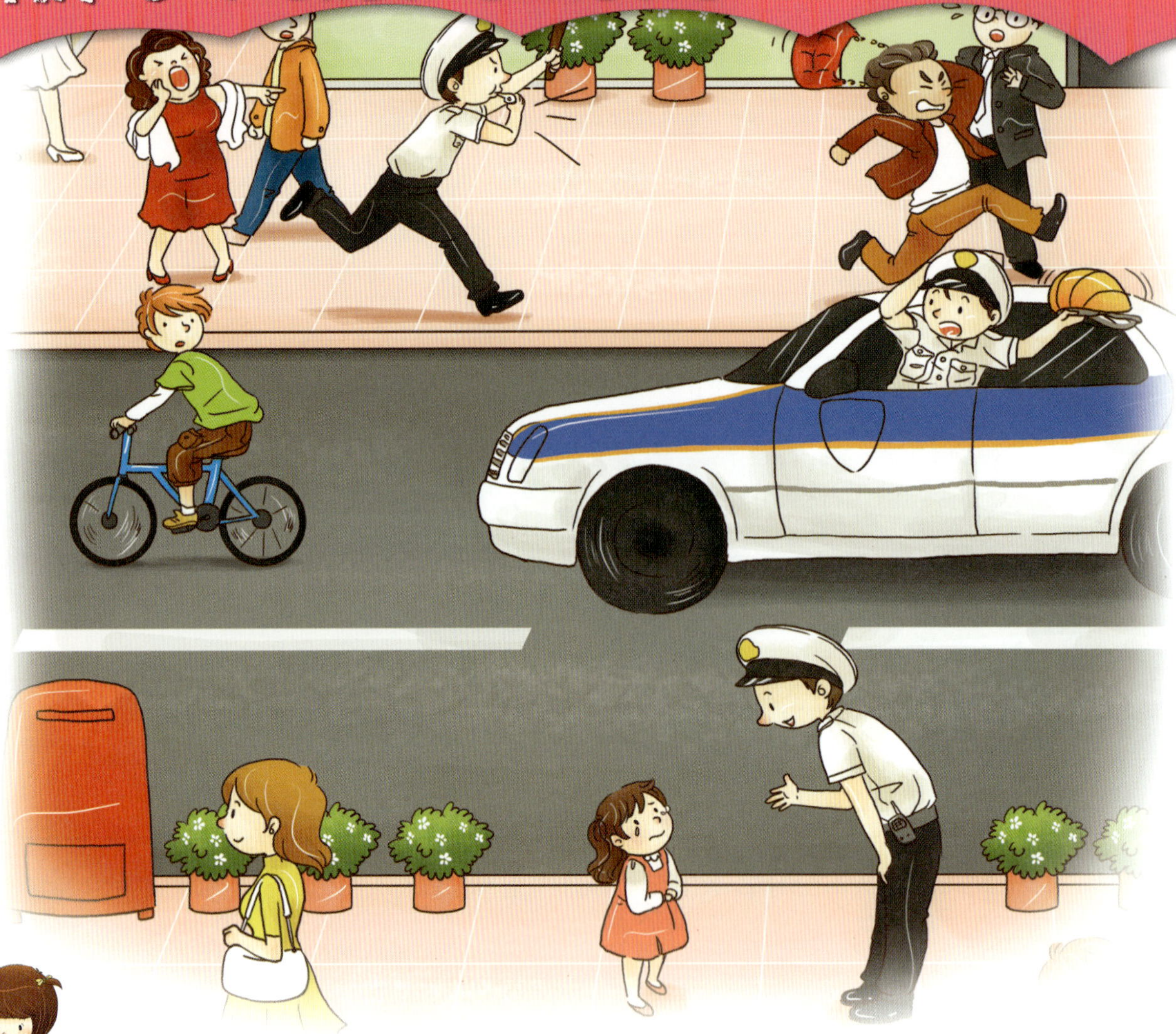

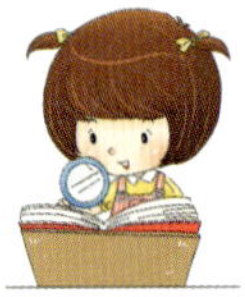

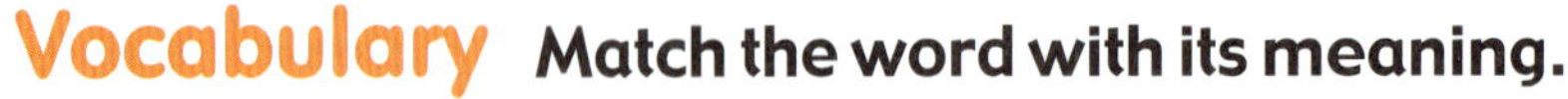

Vocabulary Match the word with its meaning.

1 People must obey the law.

2 They chase criminals.

3 They give a lesson about safety signs.

4 They make towns free from the violence.

5 They rescued people in danger.

a. to get people out of a dangerous or unpleasant situation

b. indication of being safe

c. a system of rules for a society

d. thiefs, robbers, street gangs

e. to severely harm, damage, or spoil something

Listening Track **13**

Listen to the dialog and choose the best answer.

1 What is Mr. Henderson's job?

① He is a pilot.
② He is a fire fighter.
③ He is a police officer.

2 What does Mr. Henderson do?

① He drives a bus.
② He teaches people about safety rules.
③ He puts put the fire.

3 What does Mr. Henderson teach to the children?

① He teaches how to swim.
② He teaches not to play in the river without grown-ups.
③ He teaches how to cure sick people.

Police Officers

Police officers are our friends. They help enforce laws. They catch criminals and collect evidence. They work hard to protect people and keep our neighborhoods peaceful. They also help children play safe. Police departments in some communities have programs for children. They teach children the rules of the road for safe biking. Children learn the importance of wearing helmets, wrist and knee pads. They also learn about safety signs like stop and danger. Police officers help children play outside or go to and from school without fear or worry. They make our town more secure and free from crime and violence. Everyday they drive around the town and try to solve any problems they see. Finding lost children and arresting street gangs are their jobs, too. They are always ready to rescue people who are in danger. Sometimes police officers are in danger

when they chase criminals. Police departments can offer special programs in schools to help children understand different types of danger. Those programs show the problems that can ruin our lives and suggest how to prevent them. Police officers have to be ready to go to work at all times. Sometimes they work outdoors in bad weather. With their great effort, people in our community live in peace. They will try to keep us safe from the danger and save our lives every day.

Read each question and choose the best answer.

1 What is the story about?

① Where police officers work.
② What police officers do in our community.
③ How police officers catch criminals.
④ Why police officers work outdoors in bad weather.

2 Where do police officers work?

① at the fire station
② at the department store
③ at the police department
④ at school

3 Choose the wrong statement about police officers' jobs.

① They help to find the missing children.
② They keep our neighborhoods peaceful.
③ They teach children the rules of the road.
④ They help children solve the math problems.

4 Which of the following is true about police officers?

① They are helpers in our community.
② They work indoors when it rains.
③ They help the sick people.
④ They take care of children at school.

5 Why do police officers drive around the town everyday?

① To find the missing children
② To catch criminals
③ To check the town and solve any problems what they see
④ To give children a lesson about safety signs

Grammar

Verb + to infinitive

When I grow up, I want to be a police officer.

Police officers try to solve the problems.

Complete the sentences with the correct form of the given verbs.

1 My brother wanted _________________ a bike.

2 So he decided _________________ a bike.

3 He bought a bike and learned _____________ it.

4 He plans ______________ to school by bike.

5 His friends want ______________ his new bike.

buy	go	have	ride	see

 # Writing

Complete the brainstorming web about police officer.

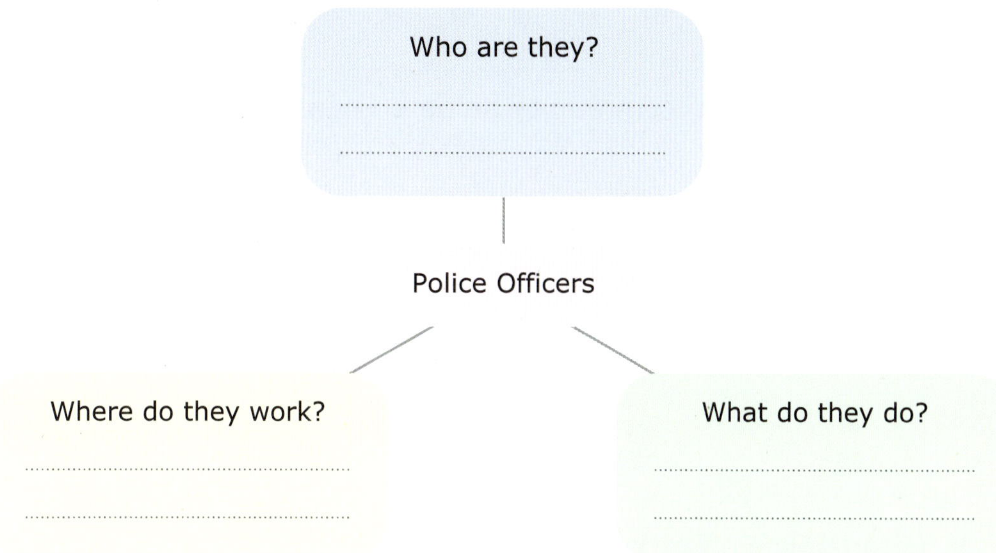

Write an essay about one of community helpers using the brainstorming web.

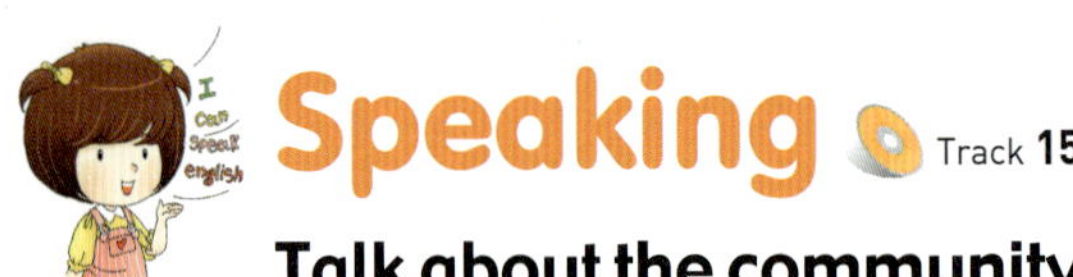

Speaking 🔘 Track 15

Talk about the community helpers.

- Do you know what 'community helpers' means?

  ....

- Who are community helpers?

  ....

- What do police officers do?

  ....

- Where do police officers usually work?

  ....

  ....

**Draw a circle around YES if the sentence is written correctly.
Draw a circle around No if the sentence is not written correctly.**

1   Police officers are our community helpers.   YES   NO

2   Police officers collect stamps to catch criminals.   YES   NO

3   Police departments have programs for children.   YES   NO

4   Finding a missing child is not police officers' job. YES   NO

5   Police officers don't work outdoors in bad
    weather.   YES   NO

Act it Out

Design police officer's uniform. Work individually or in groups.

Make a uniform

uniforms, caps, whistle, badge, shoes

Design police officers' uniform.
What kind of items do you need?
What color is for each item?

다양한 경찰들

- **FBI** 미국연방수사국
- **CIA** 미국중앙정보국
- **KNP868** 한국의 경찰특공대
- **SWAT** 미 경찰특임대의 시초
- **GSG-9** 독일의 경찰특공대
- **SO10** 영국경찰특수부대.
- **RAIO** 프랑스 경찰특수부대
- **SDU** 홍콩경찰특임대
- **SAT** 일본경찰 특수부대
- **NOCS** 이탈리아경찰특수부대

UNIT 6 Rules

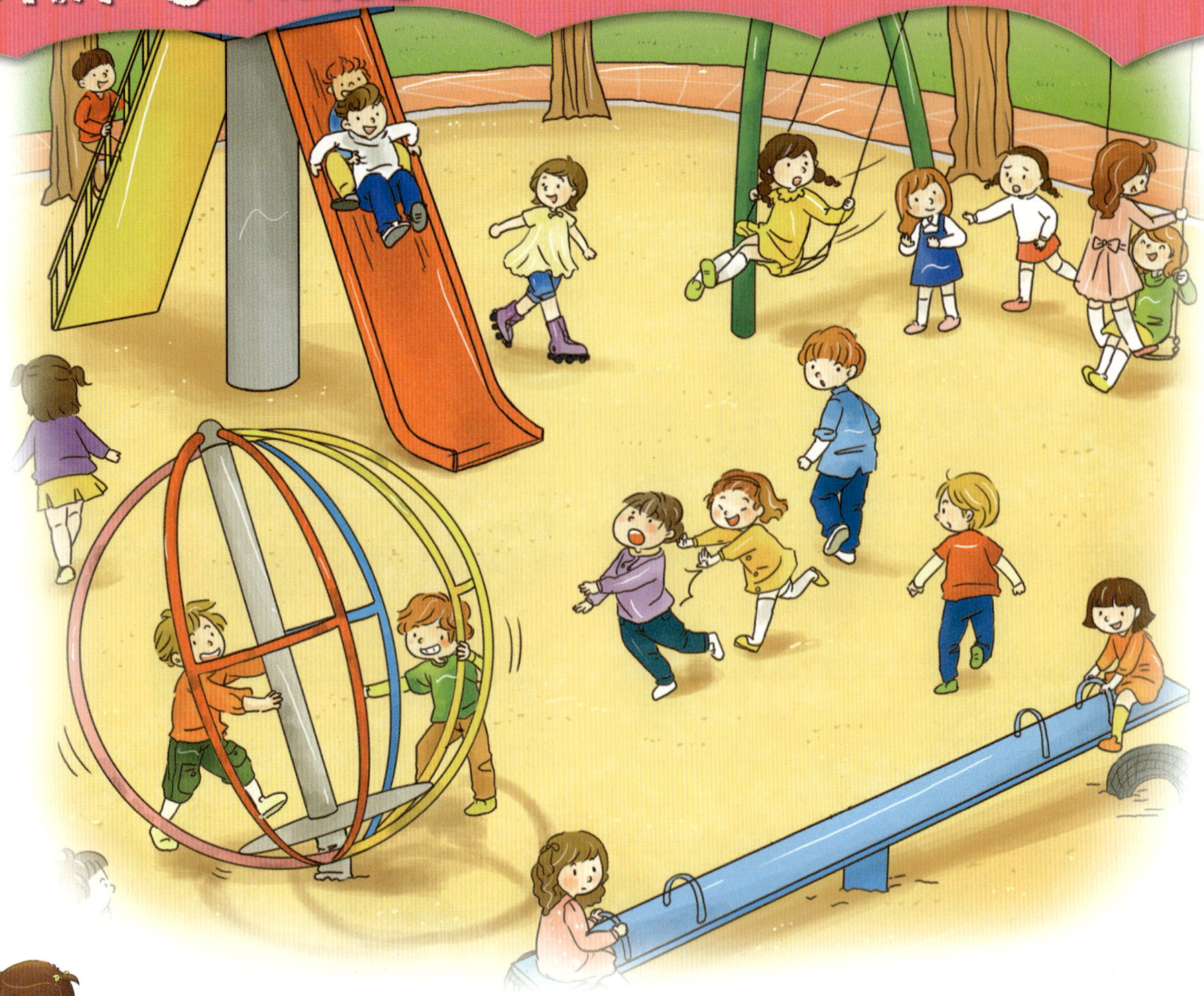

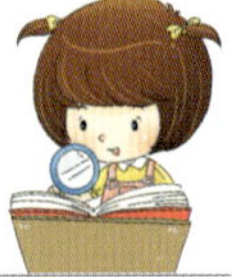

Vocabulary Match the word with its meaning.

1 The equipment keeps you safe.

2 Dont' push the crowd.

3 Stay a safe distance.

4 Never ride with a buddy on a swing.

5 Wear the footwear playing on the playground.

a. a large group of people who have gathered together

b. shoes

c. supplies, stuff, or tools

d. the amount of space between two places

e. a close friend

Listening 🔵 Track **16**

Listen to the dialog and choose the best answer.

1 Who is in the conversation?

① mom and dad
② mom and son
③ mom and daughter

2 What does the girl want to do before dinner?

① She wants to ride a bike.
② She wants to ride a scooter
③ She wants to ride her roller blades.

3 What is the item she did not wear before riding roller blades?

① a helmet
② knee pads
③ gloves

Reading Track **17**

Safety Rules

Every place has its own rules. When you ride a bike or roller blades, you should wear a helmet. You also have to wear elbow, wrist, and knee pads. This equipment helps keep you safe from danger. Below there are two different rules for two different places. What do they have in common? And what are the differences between them?

Safety Rules for the Playground

- Never push or shove others.
- Stay a safe distance from other children on swings.
- Never ride with more than one child on a swing.
- Always sit facing one another on the seasaw.
- Only one child should be on the slide platform at a time.
- Don't play on broken equipments.
- Always have on appropriate footwear when playing in the playground.

Safety Rules for Water

- Never swim alone. Always swim with a buddy.
- Never run, push, or jump on others around water.
- Never swim right after a meal.
- Learn how to swim.
- Always wear a life jacket on boats and when playing water sports.
- Never go near water without your parents.
- Get out of the water immediately if you hear thunder.

Read each question and choose the best answer.

1 What is the text mainly about?

① Rules for the library　　② Rules for the classroom
③ Rules for the school buses　　④ Rules for water

2 What do you need when you ride a bike?

① glasses　　② helmet
③ sportswear　　④ gloves

3 Choose the wrong statement about the safety rules for water.

① You should wear a life jacket.
② Do not swim if it is thundering.
③ You should swim alone.
④ Do not swim right after having a meal.

4 Which is not mentioned about the safety rules for the playground?

① Do not play on a broken swing.
② You should stay a safe distance from a swing.
③ Do not push others.
④ You should ride with friends on a swing.

5 Why should people wear a life jacket?

① Because it helps keep them safe from danger.
② Because it is warm.
③ Because they can not swim.
④ Because they have to wear it.

Grammar

Should	
Mild obligation	You should wear a helmet when you ride a bike.
Advice	You should not drive so fast.

Complete the sentences using should and a word from the box.

1 He _________________ hard for a test.

2 My room is messy. So I _______________ it.

3 If you want to be healthy, you _______________ fast foods.

4 She is tired. So she _______________ to bed now.

clean	eat	go	study

Writing

Complete the venn diagram about safety rules.

Safety rules for the playground

- Never ride with more than one child ....
  ....

- Always sit .... on the seasaw.

Both

- Never push others.

- Never shout to others.

Safety rules for water

- Always wear .... on boats.

- Never go near water .... your parents.

Write an essay about safety rules using the venn diagram.

....
....
....
....
....
....
....

Speaking Track **18**

Talk about some safety rules that you know with your friend.

King Kong: Do you think safety rules are important?

Donald: ....

King Kong: Why do you think safety rules are important?

Donald: ....

King Kong: What are the safety rules for the playground?

Donald: You shouldn't push ....

King Kong: Tell me one safety rule for water.

Donald: You should never swim alone. Always swim ....

King Kong: What will happen to you if you don't keep the rules?

Donald: ....

Draw a circle around YES if the sentence is written correctly.
Draw a circle around No if the sentence is not written correctly.

1   Safety rules help keep safe you from danger.   YES   NO

2   You should not swim right after a meal.   YES   NO

3   You can push others around water.   YES   NO

4   You should wear a life jacket when you ride a bike.   YES   NO

5   You should not swim without parents.   YES   NO

Act it Out

Make rules.

1. Let's make the rules for our classroom.

2. Work in groups of three or four.

3. Think about the rules that we have to keep.

4. Choose 5 rules for our class.

5. Write them on the board.

미국 초등학교의 교칙

Rules for play ground.

1. Use of appropriate language and gesture.

   올바른 언어와 행동하기

2. No fighting or rough play.

   싸우거나 위험한 장난하지 않기

3. No throwing of rocks, sand, or dirt.

   돌, 모래, 흙 던지지 않기

4. Listening to and obeying play ground Supervisors.

   운동장 감독관의 말을 잘 듣고 순종하기

5. Using the slides correctly. (No walking up or down the slides.)

   미끄럼틀 올바로 사용하기(미끄럼틀 위를 걸어 오르거나 내려가지 않기.)

UNIT 7 Gorillas

Vocabulary Match the word with its meaning.

1 They have hairs except for <u>soles</u> of my feet.

2 Gorillas are not generally <u>fierce</u>.

3 They are actually peaceful and <u>easy-going</u>.

4 Gorillas are in danger of <u>extinction</u>.

5 Their <u>population</u> is decreasing.

a. death

b. underside of the foot or shoes

c. very aggressive and angry

d. not easily annoyed, worried, or upset

e. all the people or animals who live in the community

Listening Track **19**

Listen to the dialog and choose the best answer.

1 Where do gorillas live?

① in Asia
② in Africa
③ in North pole

2 How do they walk?

① walk on their feet and hands
② walk on two legs
③ both

3 What do they usually drink?

① water
② sap
③ rarely drink water

Gorillas

Gorillas are large, shy and friendly apes. They live in West and East Africa. Gorillas have very strong, heavy bodies. Brownish hair covers the whole body except for their face, chest, palms of their hands, or on the soles of their feet. Male gorillas have broad shoulders, a huge chest and long arms and they can grow up to be 1.7 meters tall and weigh up to 200 kilograms. Females are shorter and lighter than the males. Gorillas look fierce, but they are actually peaceful, easy-going animals. They will not hurt you unless they are attacked or they feel afraid. Gorillas walk along the ground on their feet and hands. Their arms are longer than their back legs. Sometimes they can also walk on two legs just like human beings. Leaves, stems, bark, fruits, flowers, and wood are their favorite food. A large male gorilla can eat as much as 27 kilograms of food each day. Gorillas are generally quiet animals. They communicate with each other using many complicated sounds and gestures. They grunt and roar. At other times, they growl and whine. If you look at their face closely, you will find what their faces tell. Sometimes gorillas climb into trees to sleep or eat, but they don't spend so much time in trees. They usually stay on the ground. Gorillas live in groups of 20 or 30. A group of gorillas is called a troop. In the troop there are adult males, adult females and several young gorillas. The family group is led by the silverback. He makes all of the decisions about where to go, eat and sleep. The silverback also protects his group from a lot of danger. Nowadays gorillas are in danger of extinction. Scientists say that their populations are decreasing. They have been killed by hunters and they've lost their forest homes by too many trees being cutting down. Experts say that people and government must try to do something to save these great apes.

Read each question and choose the best answer.

1 What is the story about?

① The life of gorillas at zoo   ② The life of gorillas in the wild
③ All about gorillas   ④ Extinction of gorilla

2 What is the right statement about gorillas?

① They are large and fierce.
② They are mammals.
③ They live alone.
④ Their arms are shorter than their back legs.

3 Choose the right sentence about the silverback.

① It protects his troop.
② It is a female gorilla.
③ It is a young gorilla.
④ It has silver fur all over the body.

4 Why do the gorillas climb into trees?

① Because they want to play.   ② Because they want to catch some birds.
③ Because they want to sleep.   ④ Because they want to make a house.

5 Why are gorillas in danger of extinction?

① Because they have nothing to eat.
② Because they cut down trees.
③ Because they are killed by hunters.
④ Because they are protected at zoo.

Grammar

Comparing with Adjective

Rule : add -er / short → shorter, light → lighter

I have a younger brother. And he is shorter than me.

Females are shorter and lighter than the males.

Circle the correct words.

1 Gorillas' arms are
longer
shorter
than their back legs.

2 The cat is
older
younger
than the mouse.

3 The mouse is
bigger
smaller
than the cat.

4 The mouse is
taller
shorter
than the cat.

Writing

Complete the word map about the gorillas.

Appearance

Personality

Gorillas

Favorite food

Where they live

a huge chest   quiet   stems   flowers   broad shoulders
shy   friendly   long arms   leaves   in the forest

Write a short essay about gorillas using the word map.

Speaking Track **21**

Talk about gorillas.

Do you like gorillas?

No, I don't. I don't like gorillas.

No, I haven't. I haven't seen gorillas.

I have seen them on TV.

They live in West and East Africa.

Gorillas can walk along the ground on their feet and hands.

Draw a circle around YES if the sentence is written correctly.
Draw a circle around No if the sentence is not written correctly.

1 Gorillas are the largest mammal in the world.　　YES　　NO

2 A male gorilla has broad shoulders.　　YES　　NO

3 Gorillas live in a troop.　　YES　　NO

4 Gorillas are generally fierce animals.　　YES　　NO

5 Gorillas need to be protected these days.　　YES　　NO

Act it Out

Make gorilla's poster.

1. Let's talk about the ways we can do to save gorillas.

2. Make an order of the most important.

3. Write them on to the paper and add some pictures.

4. Exhibit.

코코와 페니 이야기

코코는 사인 언어(sign language)를 통해 의사소통을 할 줄 아는 고릴라입니다. 페니 박사는 코코에게 어렸을 때부터 사인 언어를 가르쳐 주었고 지금까지 코코는 1000개가 넘는 사인 언어를 사용하고 있습니다.

코코는 1971년 7월 4일 샌프란시스코의 한 동물원에서 태어났습니다. 하지만 코코가 어린 고릴라였을 때 병에 걸려 엄마 고릴라와 떨어져 생활해야 했습니다. 수의사와 전문가들의 노력으로 코코는 다시 건강을 되찾을 수 있게 되었습니다. 어려서부터 호기심이 많았던 코코는 페니 박사로부터 한 살이 되기도 전에 사인 언어(sign language)를 배우기 시작했습니다.

코코는 페니가 보여주는 행동들을 잘 보고 금방 사인 언어를 익히곤 했는데. 예를 들어 Hello!에는 경례를 하는 행동을 취하고, 손으로 마시는 시늉을 하면 코코는 우유를 마실 수 있게 되었습니다.

코코에게는 입양된 동생이 있는데 그의 이름은 마이클입니다. 페니는 코코와 마이클 모두에게 사인 언어를 가르쳐 주었고 이 두 고릴라는 세계에서 유일하게 서로 말하면서 의사소통을 하는 고릴라가 되었습니다.

UNIT 8 Hibernation

Vocabulary Match the word with its meaning.

1 They sleep in the cold <u>climate</u>.

2 Bears <u>hibernate</u> in the winter.

3 They store up <u>fat</u>.

4 They <u>breathe</u> more slowly.

5 They go into the <u>den</u> to sleep.

a. inhale and exhale

b. weather

c. a long deep sleep

d. substance contained in foods

e. the home of certain types of wild animals

Listen to the dialog and choose the best answer.

1 What kind of problems do animals have in the winter?

① Habitat

② Food

③ Breeding

2 Choose the animals that is not hibernate in the winter.

① Bears

② Woodchuck

③ Kittens

3 Before going into hibernation, what should animals do first?

① They must store up fat.

② They must clean their bodies.

③ They must find places to sleep.

Hibernation

What happens to animals when the days get shorter and colder? Some animals move to warmer climates. Others hibernate. Hibernation is a time when animals take a long nap during the cold weather. This sleep is not like human sleep. Hibernating animals go into a deep sleep many days without waking up. If you saw a chipmunk sleeping during the winter, you might think it was dead. Hibernating animals eat more food than usual during the fall. They store the food in their bodies as fat and it helps them live off this stored fat while they sleep. When animals hibernate they breathe a little more slowly. Their heart beats slow down. They don't need to eat food. Finding a safe place to sleep is also important. When hibernating animals go into deep sleep, their bodies slow down. There are different kinds of hibernation. Woodchucks, ground squirrels and bats sleep

so deeply that they are almost impossible to wake up. Bats hibernate in caves, buildings, old mines, or hollow trees. When ground squirrels hibernate, they go into their dens to sleep through the cold winter. Bears, racoons, and skunks, however, might wake up to look for some food on a warm winter day. In the spring, all kinds of hibernating animals wake up and start their new life again. Hibernation is still a mystery and an amazing animal adaptation.

Read each question and choose the best answer.

1 What is the story about?

① Animals in the forest   ② Winter sleeping animals
③ The types of hibernation   ④ What do animals do in winter?

2 What is the right statement about the hibernation?

① It is a time when animals sleep through hot weather.
② It is a time when animals sleep during the winter.
③ It is a time when animals have nothing to eat.
④ It is a time when animals stay in cave in winter.

3 Which animal wakes up during the hibernation?

① Bears   ② Woodchucks
③ Bats   ④ Ground squirrels

4 Which is not mentioned about bats?

① They sleep during the winter.
② They hibernate in the cave.
③ They wake up to eat food during the hibernation.
④ They wake up when the spring comes.

5 Why do raccoons wake up during the hibernation?

① To look for some food
② To take care of their babies
③ To move to warmer place
④ To hide from their natural enemy.

Grammar

get	
get with adjective (= become)	The days get shorter and colder.
get with nouns (=receive, buy, find)	I got a post card yesterday

Complete these sentences using get and a word from the box.

> cold   a book   a newspaper   light   tired

1 I _________________________ about hibernating animals.

2 When winter comes, it ____________ _________________________?

3 When the sun comes up, it ____________ _________________________?

4 He went to the store to ____________ _________________________.

5 My father worked too much and he _________________________.

Writing

Make your own notes for an essay about hibernating animals.

Title	
Beginning	What is hibernation?
Middle	Describe what kind of the hibernating animals there are. Describe why they hibernate.
Ending	Describe when they wake up.

Write an essay about the hibernating animals using your notes.

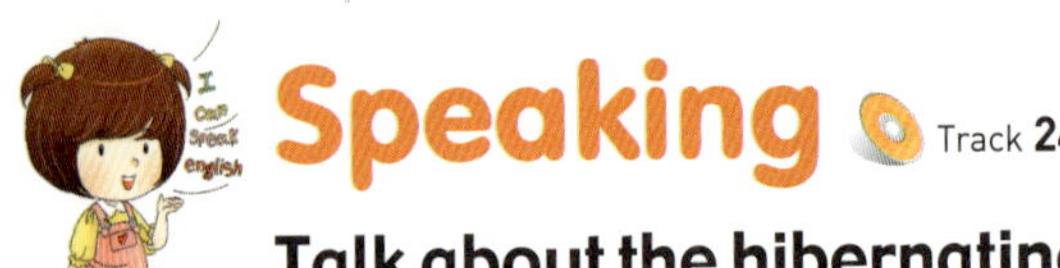

Speaking 🎧 Track 24

Talk about the hibernating animals and complete the report.

- Tell me the reasons why they hibernate.

  ....

- Bears are light sleepers. Why do they wake up?

  ....

- When do they wake up?

  ....

Draw a circle around YES if the sentence is written correctly.
Draw a circle around No if the sentence is not written correctly.

1 Hibernation is a time when animals sleep through cold weather.   YES   NO

2 Hibernating animals eat lots of food during the winter.   YES   NO

3 Hibernating animals store the food in their bodies as fat.   YES   NO

4 Bears sleep all the winter without waking up like bats.   YES   NO

5 Hibernating animals wake up in the summer.   YES   NO

Act it Out

Choose the animals who hibernate.

박쥐

박쥐는 우리 삶에서 아주 중요한 동물입니다. 여름 밤 우리를 못살게 구는 모기나 파리등 몹쓸 곤충들의 천적이며 자연의 균형을 수호하는 매우 유용한 동물입니다.

추운 겨울이 되면 박쥐들도 생존하기 위해 동면을 합니다. 박쥐들은 먹이가 없는 겨울철을 보내기 위해 스스로 체온을 10℃ 까지 떨어뜨립니다. 여름이 끝나기 전에 먹이를 최대한 많이 먹어 두어 피부 밑의 지방층을 살찌웁니다. 겨울 동안의 주 에너지원은 바로 미리 비축해둔 지방층을 사용합니다.

동면 기간은 사는 지역에 따라 차이가 있는데 열대에 가까울수록 동면 기간이 짧고 완전 열대 지방의 박쥐들은 동면하지 않습니다.

UNIT 9 Strange Plants

Vocabulary Match the word with its meaning.

1 Trees are considered <u>plants</u>.

2 Some plants have strange <u>forms</u>.

3 The insect is <u>trapped</u>.

4 The flower can eat <u>insects</u>.

5 Hair <u>protects</u> them.

a. shape

b. ants, flies, butterflies, and beetles

c. keep someone safe

d. any living organism that has leaves

e. catch animals in a trap

 Listening 🔘 Track 25

Listen to the dialog and choose the best answer.

1 Where do students visit?

  ① art museum
  ② aquarium
  ③ botanical garden

2 What is not a plant?

  ① a flower
  ② a fly
  ③ a tree

3 Why is Venus' flytrap strange?

  ① It can move
  ② It can sing.
  ③ It can eat flies.

Strange Plants

Plants are living things that grow in the earth. They have stems, leaves, and roots that grow in the ground. Trees, flowers, and grass are considered plants. There are about 300,000 plant species on Earth. Some of them are not like most plants. For instance, some plants have funny colors, strange forms, and weird growth patterns. The Venus' flytrap is a well-known meat-eating plant. They eat insects, spiders, and small animals. Jaw-like leaves capture and eat wandering insects. Their leaves look like traps and they have small sensitive spikes along their edges. When an insect walks inside the leaf, the leaf quickly closes. The insect is trapped. The sundew is also a meat-eating plant. It captures insects with its sticky hairs on its surface. Then it digests them. The giant sundew in Australia can even eat small frogs. Flowers usually attract insects with their strong smells. Some of them smell bad to people. The Stapelia, known as African starfish flowers, smells like rotting meat. Some plants have funny looks. Living stones look like stones. They usually live in hot, dry places. They can hold water and their shape helps to hide them from animals. Some cactus, called old man cactus are covered with wool-like hairs. Hairs protect them from the daytime heat. They also protect them from nighttime cold. There are some plants that can make sounds. The Money plant make soft sounds in the wind. The Chinese Lantern plant and the Chinese bamboo also make sounds in the wind. The Chinese bamboo makes noise when it grows. In our world, there are a lot of amazing plants living with us.

Read each question and choose the best answer.

1 What is the story about?

① Meat-eating plants　　　② Plant species on Earth
③ Plants in china　　　　④ Many amazing plants

2 What is the right statement about the sundew?

① It has a trap.
② It is a meat-eating plant.
③ It makes sound in the wind.
④ It smells like rotting meat.

3 Which is not mentioned about the venus' flytrap?

① It is a meat-eating plant.　　② It has jaw-like leaves.
③ It looks like a fly.　　　　　④ It can catch spiders.

4 How can the sundew catch insects?

① With its jaw-like leaves　　② With its strong smell
③ With its sticky hairs　　　 ④ With its wool-like hairs

5 Which one is known as African starfish flower?

① the Venus' flytrap　　　② the stapelia
③ the old man cactus　　 ④ the giant sundew

Grammar

Where to put a comma	
Use a comma after each item	They have stems, leaves, and roots.
Use a comma to describe the noun	The stapelia, known as African starfish flower,...
Use a comma to separate two or more adjectives that equally modify the same noun	They live in hot, dry places.

Add commas to the sentences below.

1 I love to eat fruit such as apples pears and grapes.

....

2 Roses can be red yellow and blue.

....

3 My sister has got a huge fluffy teddy bear for her birthday.

....

4 Mozart the greatest composer in history was born in Salzburg.

....

5 I saw a pretty tall girl yesterday.

....

 # Writing

Give some information about strange plants.

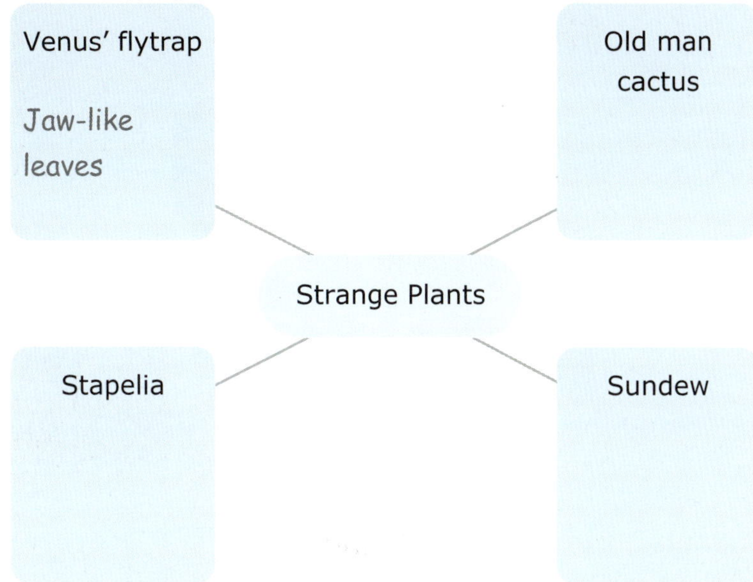

Write an essay about a strange plant using your informations.

Speaking 🎧 Track 27

Talk about the strange plants.

What are plants?

Plants are _______________________.

How many parts do plants have?

They have _______________________.

Can you name each part of the plant?

Yes. They are _______________________.

Why do people think a sundew is a strange plant?

Because it can _______________________.

How do they catch insects?

They capture insects _______________________.

Draw a circle around YES if the sentence is written correctly.
Draw a circle around No if the sentence is not written correctly.

1 Plants have stems, leaves and roots. YES NO

2 The giant sundew smells like rotting meat. YES NO

3 The old man cactus has sticky hairs. YES NO

4 Living stones live in dry places. YES NO

5 The stapelia attracts insects with its strong smell. YES NO

Act it Out

A plant person

Make a person with leaves and twigs.

Think and write what this plant man can do.

기생 식물

한 식물이 다른 식물에 기생하여 그 식물의 양분을 흡수하는 식물을 통틀어 기생 식물이라고 합니다. 기생 식물의 대표적인 예로는 겨우살이와 새삼이 있다, 이들은 뿌리가 다른 나무의 줄기나 잎에 붙어 살아갑니다.

새삼(dodder plant)은 한해살이 덩굴풀로 잎이 없고 덩굴이 땅으로부터 나와 다른 나무를 휘감고 올라가면서 자랍니다. 새삼은 전국 각치의 산지이나 들에 분포하고 여름에 흰 꽃이 피고 열매는 가을인 9~10월에 볼 수 있습니다.

Bansok Books

영어수업이 즐거워지는
메이킷 교실영어

영어수업을 하기 위해 반드시 필요한 기본 표현들과 대화들을
상황별로 엮었으며, 언어의 4개 영역(듣기, 말하기, 읽기, 쓰기)을
골고루 다루고 있습니다.

이수영&줄리 톨스마 지음 | 215쪽 | 크라운변형판 | 정가 12,000원
(mp3 CD 포함)

My First Thesaurus
팝콘 영어

시소러스는 관련어(關聯語)를 엮은 것으로 동의어사전을 말합니
다. 특정 단어의 가장 유사하거나 직접적인 동의어를 알 수 있게
하고, 그 용어를 항목(알파벳순으로 정리)별로 묶은 사전입니다.
이 책은 전2권으로 만들어졌습니다.

이수영, 리암 헤플스톤 저 | 208쪽(1권) / 192쪽(2권) | 4*6배변형판 |
정가 9,800원(CD포함)